Patrick Salmen

W0048065

Distanzen

Prosa bei Lektora

Bd. 28

Patrick Salmen

Distanzen

Gedichte und Kurzgeschichten

Lektora

Lektora, Paderborn

Dritte Auflage 2013

Alle Rechte vorbehalten
Copyright 2011 by

Lektora GmbH
Karlstraße 56
33098 Paderborn
Tel.: 05251 6886809
Fax: 05251 6886815
www.lektora-verlag.de

Druck: Standartu spaustuve, Vilnius
Cover: Isa Wiethölter
Lektorat: Lektora GmbH
Satz: Lektora GmbH

Printed in Lithuania

ISBN: 978-3-938470-60-2

Inhalt

Prosa

Lyrik

Prosa

Stadtrandnotizen – verzerrte Skizzen von zeitverzögerten Zugvögeln

Ich möchte Ihnen eine Geschichte erzählen: Eine Geschichte von zwei Menschen, die sich auf wundersame Art begegnet sind, ohne sich jemals gesehen zu haben.

Zirka vierundzwanzig zuckende Zeigerschläge auf Zahlen des zyklischen Ziffernblattes der Zimmeruhr im Zeitraffer. Randnotizen. Zimtstaubzeichnungen auf Zuckerpapier. Skizzierte Zweizeiler. Wie Zement, zentnerschwer. Zwei zaghafte, zögernde Züge an der Zigarette. Zwischen zitternde Zeilen zaudernder Zauber.

Herr Z. skizzierte neben zartrosa Zinnfiguren einen azurblauen zwitschernden Zugvogel. Und der flog plötzlich los. Zugvogelluftpirouetten. Er sah Konturen am Himmel, die langsam verschwanden. Sie zerflossen in einer warm-wonnigen Wattewolkennichtigkeit. Zugvogelflügelschlag. Kaum hörbar. Ganz leise.

[Wir schreiben Stadtrandnotizen in Schneekugelwelten. Unter Glaskristalldächern im Schneegestöber schmieren wir Schlieren und Schriftzeichenspuren mit Stiefelsohlen in schwarzweißen Froststaubpulverschnee. Und dann kommen diese Kinderhände, nehmen die Schneekugelwelt und schütteln ... und die Spuren sind wieder fort]

Diese Stadtrandnotizen, Wörter und Zeilen in ihrer Nichtigkeit, sie verschwinden wie Sandgemälde im Wellensaum. Plötzlich ist alles fort. Und trotzdem schreiben wir, schreiben und schreiben ...

Kritzeln kursive Serifen auf staubige Schiefertafeln oder zeichnen mit unseren Fingerspitzen in blaugraues Tauwasser. Schmieren Schlieren auf schimmernde Scheiben. Flimmernde Seiten enden in rostroten Regenrinnen als Origamipapierfiguren.

Jedenfalls war da nun dieser Zugvogel, dieses Wort. Es flog über die Dächer der Stadt. Und da war nun dieser weitere Herr. Auf einer Parkbank am Stadtrand, dort am Feldweg, saß der einfarbige Lautmaler. Er lauschte dem Klang der Zugvögel. Herr O. war Vogelforscher und Phonologe.

Der monochrome, onomatopoetische Ornithologe lauschte dem sonoren Ton, den monotonen, trostlosen Monologen und Strophen der Mondboten, dort oben.

Zugvogelluftpirouetten. Taumelnder Tanz in transzendentaler Obdachlosigkeit. Er saß dort und zeichnete auf seinen Zettel verzerrte Skizzen von zeitverzögerten Zugvögeln.

Der Vogelforscher transkribierte die Laute der Vögel in Notensysteme, schrieb die Partituren des Zugvogelorchesters in Stromkabellinien. Stadtrandnotizen in Stadtrandgebieten. Aber von wegen Nichtigkeit …

Denn denken Sie noch mal an Herrn Z. vom Anfang der Geschichte.

Er liebt diesen Buchstaben. Diesen einsamen Buchstaben am Rande des Alphabets. „Wer braucht schon das Z?", sagte mal jemand. Und Herr Z. dachte sich: „Wenn der wüsste?" Der hat wohl noch nie Zimtstaub gesehen? Oder hier im flackernden Licht … diese zitternden Zeilen, Diesen zaudernden Zauber. Das schönste Wort auf der Welt ist „Zaudern." Es macht auf dem Blatt nicht viel her, aber gesprochen ist es die Welt. „Zaudern".

Und Herr Z. wünschte sich, dass ein anderer Mensch mal dasselbe Glück empfinden könnte, wenn er dieses Wort sieht. Und so kam es, dass er eines Tages das Wort in schönen Lettern mit dem Bleistift in Schreibstift auf eine perforierte Postkarte schrieb. Und diese Postkarte steckte er dann in ein altes Buch. „Zugvögel". Und dann entschloss er das Buch zu verstecken und wählte als Ort dafür diese schöne dunkelgrüne Holzbank am Feldweg, dort bei den Windmühlen.

Der monochrome, onomatopoetische Ornithologe lauschte dem sonoren Ton, den monotonen, trostlosen Monologen und Strophen der Mondboten, dort oben.

Plötzlich fand der lautmalerische Vogelforscher unter der Parkbank ein Buch. Er hob es auf und fand darin eine Postkarte. Auf ihr nur ein Wort. Er las es laut vor sich hin: „Zaudern". Er lächelte.

Papierblütenstaub

Ich war damals vier Jahre alt, als wir uns das erste Mal begegneten. Ich glaube mich zu erinnern, dass ich ihm damals von meinem großen Lebenstraum erzählt habe. Mein Urgroßvater. Er ist früh gestorben. Und bis heute weiß ich leider nur allzu wenig von ihm, obwohl meine Mutter mir viel von ihm erzählt hat und sich sicher war, dass wir sehr viel gemeinsam hatten. Er sei sehr schweigsam gewesen und hätte viel geschrieben. Sein Beruf war der eines Uhrenmachers. Ich habe viele seiner Urkunden und Zertifikate gesehen. Es muss ein wundervoller Beruf gewesen sein. Damals gab es noch diese schönen wertvollen kleinen Taschenuhren. In ihnen verstaut, ein winziges Räderwerk, sensibelste Mechanik und sehr viel Arbeitszeit. Im Keller seines Geschäfts hatte er seine Werkstatt. Er nannte es Atelier, doch heute würde man das nicht mehr sagen. Ein Atelier steht für Kunst und eine Werkstatt für Handwerk. Aber damals war das Uhrenmachen eine Kunst, jede Uhr ein Unikat und ein Werk mehrerer Tage. Mit seinen filigranen Händen schraubte er an diesen fragilen Ziffernblättern, den Zahnrädern und Metallstiftchen. Meine Mutter stand oft wortlos daneben und bewunderte seine Behutsamkeit und Ruhe. Mein Urgroßvater war nicht sehr wohlhabend, er musste mit dem wertvollen Material dementsprechend sehr sorgevoll umgehen, durfte mit den kleinen Rädchen und Schräubchen nicht verschwenderisch sein. Er liebte seinen Beruf über alles. Ich bewundere diese Arbeit sehr.

Als Kind hatte ich einen großen Traum. Ich wollte Gießkannen herstellen und dann ein Gießkannengeschäft besitzen. Ich habe Gießkannen geliebt. Besonders die Grünen. Ich liebe sie immer noch, irgendwie. Nun ist viel Zeit verstrichen und ein Gießkannengeschäft besitze ich nicht. Nun, den Großteil meiner Zeit verbringe ich mit dem Verfassen von Geschichten und lyrischen Texten. Ich weiß nicht, ob es meine Berufung ist, vielmehr geschieht es aus einem inneren Zwang. Aber, ich denke schon, dass es mich glücklich macht. Manchmal jedoch komme ich an einen Punkt, an dem ich schier verzweifle. Der sinnliche Makel der Sprache, er macht mir schwer zu schaffen. Uhren ticken und Gießkannen plätschern. Uhren riechen nach Öl und Leder, Gießkannen nach Plastik, nach Lack oder einfach nur nach abgestandenem Wasser. Uhren kann man um seinen Arm oder in der Manteltasche tragen und Gießkannen hält man in der Hand. An Uhren liest man die Zeit ab und mit Gießkannen bewässert man die Blumen.

Und was sind meine Wörter? Papierblütenstaub. Sie haben keine definierte Funktion, keine Bestimmung, weder haptische noch greifbare Eigenschaften. Ihr Wesen erfasst sich erst in ihrer Vorstellung. Ich kann nur Geschichten schreiben. Und wenn jemand käme und gerne eine Geschichte über eine Gießkanne hören würde, dann müsste ich ihn womöglich enttäuschen, weil seine Gießkanne blau lackiert sein sollte, meine jedoch wäre grün. Ich kann Gießkannen sehr schön und detailliert beschreiben, aber sie sind immer grün. Meist stehen sie in einem Vorhof auf einer Fensterbank. Vor dieser Fensterbank steht eine Schubkarre, gefüllt mit morschem Holz. Eine alte Frau hängt im Garten die Wäsche auf, bevor sie die Blumen und Kräuter gießt. Gießkannen sind grün. Grün sind sie. Blau sind sie selten.

Ich mag die Vorstellung von klar definierbaren Dingen, und deswegen wollte ich Gießkannenverkäufer werden. Ich stellte mir vor, wie die Menschen in mein Geschäft kämen und dann staunen würden, welch schöne und seltene Gießkannen ich doch besäße. Und schließlich würden sie eine mitnehmen, weil daheim ihre Pflanzen nach Wasser lechzten. Damals habe ich mir vorgestellt, dass mein bester Freund Regenschirmmacher wird. Und wenn es dann vom Himmel gießen würde, weil der liebe Gott zu viele Gießkannen bei mir gekauft hätte, würden die Menschen zu ihm laufen und seine prächtigen farbenfrohen Regenschirme bewundern. Aber jetzt kann ich Gießkannen, Regenschirme und Taschenuhren nur schreiben. Aber ich liebe Geschichten und ich schreibe sie meist sehr sorgsam und nehme mir viel Zeit dafür.

Mein Urgroßvater hat sich auch viel Zeit für seine Uhren genommen. Er hat seine eigene Uhr nur sehr selten benutzt. Und wenn meine Mutter damals sagte, dass uns etwas Wesentliches vereint, dann unser Gefühl für Zeit und die Behutsamkeit, wie wir mit unserem Material umgehen. Meine Buchstaben können nicht weniger werden, wenn ich sie aufschreibe, aber ich stelle mir das oft vor und ich scheue mich davor die ganz großen Worte zu verwenden, weil man davon nicht viel hat. Frieden ist ein großes Wort. Ich schreibe es nicht oft, denn ich weiß nicht, wie das geht: Frieden. Scheitern ist auch ein großes Wort.

Lieber Urgroßvater, leider hat der liebe Gott noch keine Gießkanne bei mir gekauft. Mittlerweile weiß ich nicht mehr so recht, ob es ihn wirklich gibt, aber wenn, dann müsste ich ihn enttäuschen. Ich könnte ihm nur meine Vorstellung einer Gießkanne schenken. Meinen Traum von damals habe ich nie realisiert. Nun arbeite ich mit Buchstaben und Wörtern. Doch ich habe mir fest vorgenommen, das Schreiben stets behutsam anzugehen und die Buchstaben nicht zu verschwenden. Ich werde niemals Geschichten schreiben, die in den Menschen keine Bilder und Vorstellungen erwecken können, niemals Geschichten schreiben, um Geschichten zu schreiben. Ohne Gefühl, Geruch und Klang. Die Menschen sagen oft, meine Geschichten wären sehr traurig. Keiner kann sich vorstellen, wie sehr ich gelächelt habe, als ich diese Worte schrieb. Deine Uhr habe ich noch immer. Gerne hätte ich dir schon damals zum Abschied eine Gießkanne geschenkt. Hier hast du sie. Ich hab dir eine geschrieben. Der Lack blättert schon etwas. Sie ist grün.

Joseph

Es gibt Orte im Leben eines Menschen, an die kehrt man immer sehr gerne zurück. Nach einigen Jahren, den Erfahrungen in doch so fremden Welten, voller Eindrücke und Geschichten, dann ist man doch manchmal froh, an einem vertrauten Ort mit vertrauten Menschen, an einem gewöhnlichen Ort sein gewöhnliches Bier trinken zu können. Dieser Ort: Die Eck-Kneipe vom Schankwirt Klaus.

Dort sitze ich dann und wann sehr gerne auf dem alten Holzhocker, trinke ein Bier und beobachte die anderen Gäste. Neben mir am Tresen sitzt der gute Joseph, er sieht mich an und sagt: „Es gibt Orte im Leben, an die kehrt man immer wieder gerne zurück, nach einem erholsamen Schlaf, einem kleinen Spaziergang." Das sagt er.

Und jeden Abend gegen 18 Uhr sitzt er dann wieder hier, trinkt sein gewöhnliches Bier mit den gewöhnlichen Menschen. Ich sehe Joseph an und er lächelt, schlägt mir auf die Schulter, und sagt: „Prost. Auf uns."

Am nächsten Morgen sitze ich auf der Arbeit, plane meine Reisen und sortiere meinen Schreibtisch. Denke an Joseph, an gewöhnliche Biere an gewöhnlichen Orten.

Oft wenn ich abends vor dieser Kneipe stehe und überlege, mit mir selbst hadere, ob ich den Schritt über diese Schwelle nun gehen soll, dann sehe ich, wie die Menschen an der Kneipe vorbei gehen. Manchmal schauen sie hinein. Es gibt diese Männer mit Anzügen und Aktentaschen und ihrer Frau im Arm, die gehen vorbei, schauen kurz durch die Scheibe und sehen Joseph und die anderen am Tresen sitzen. Und oft höre ich Worte fallen wie „Scheitern".

Neben Joseph sitzt Erich. Erich war Bildhauer. Und ich weiß, dass er genial und erfolgreich war, aber irgendwann kam der Tag, und ich weiß nicht, was sich ereignete, an dem er sagte: „Ich verachte die Kunst." Und jetzt sitzt er bei Schankwirt Klaus, am Tresen neben Joseph.

Joseph hat eine Geschichte. Es ist keine Geschichte, die man in Büchern liest, es ist nur die Geschichte von Joseph. Joseph hat einundvierzig Jahre gearbeitet, siebzig Stunden in der Woche, fleißig, tapfer und genügsam. Joseph war Kranführer. Kranführer Joseph. Und Joseph erzählte mir einmal, dass er auch ein Schriftsteller war, denn einmal hat er einen Brief geschrieben an seine Frau. Einen sehr langen, literarischen Brief. In diesem Brief stand, dass er nun nicht mehr der Kranführer Joseph sei, weil die Firma ihm gekündigt hätte. Joseph ist siebenundfünfzig. Und in dem Brief stand, dass er nun Angst habe und dass er seine Frau liebe. Das hat er geschrieben. Joseph ist ein Schriftsteller.

Und am nächsten Tag war seine Frau weg, mit ihr die Kinder, und die Vergangenheit.

Und jetzt sitzt Joseph neben mir, schreibt auf den Bierdeckel das Wort „Scheitern". Joseph ist ein Schriftsteller.

Und Männer sind stolz. Männer wie Joseph können jedem verzeihen, aber niemals sich selbst. Niemals würde Joseph seinem ehemaligen Betrieb Vorwürfe machen, weil sie ihm fälschlicherweise des Betrugs bezichtigt haben, und niemals würde Joseph schlecht über seine Frau reden, obwohl er weiß, dass sie eine Hure ist. Niemals würde er die Schuld jemandem anderem zuweisen, lieber erklärt er sein Leben für gescheitert.

Und wenn Männer wie Joseph sagen, sie hätten Angst, Angst davor, dass die Mannschaft verliert oder die Ölpreise steigen oder der Winter einbricht, dann wollen sie vielleicht eigentlich sagen, dass sie sich fürchten, ihre Kinder würden sie für Versager halten oder dass sie Angst haben, ihren Söhnen in die Augen zu blicken. Der gute Kranführer Joseph, er sitzt am Tresen, trinkt sein gewöhnliches Glas mit den gewöhnlichen Menschen. Männer in Kneipen sind Männer in Kneipen. Weder gescheitert noch erfolgreich. Einfach nur Männer in Kneipen, die froh sind, dass man ihnen zuhört, während sie in Ruhe ihr Bier trinken können.

Ab und zu sitze ich gerne dort und höre ihren Geschichten zu. Irgendwann werde ich ihnen meine Geschichte erzählen. Eine Geschichte vom Glück oder vom Scheitern. Das weiß ich noch nicht.

Aber jetzt sitze ich an meinem Schreibtisch und frage mich, ob es mir zusteht, Männer wie Erich und Joseph zu degradieren, zu einem Figurenentwurf, einem literarischen Motiv, ob es mir zusteht, ihre Existenz zu romantisieren. Nun, ich schreibe, ich habe mit Sprache zu tun, mit Geschichten. Autoren neigen dazu, sich ihrem Erzähler anzupassen und diese Welt von oben zu betrachten. Und ich denke, es gibt einige Autoren, die glauben, sie seien dem Himmel besonders nah. Ich kenne nur einen Menschen, der dem Himmel besonders nah war: Kranführer Joseph.

Und ich weiß, Joseph ist nicht gescheitert. Er hatte einfach nur kein Glück. Und jetzt hat er Angst, gottverdammte scheiß Angst, seine Kinder irgendwann wiederzusehen und ihnen in die Augen zu blicken.

Und manchmal schaue ich auf diesen Bierdeckel. „Scheitern." Nur dieses Wort. Joseph war ein Schriftsteller.

„Auf uns."

Die Geräusche des Glaubens

„Vater, segne diese Speise. Uns zur Stärke, dir zu Preise." Meine Großmutter sprach diese Zeilen mit Bedacht und ich blickte sie erstaunt und interessiert an. Ihre alten, von der Zeit gezeichneten Hände waren fest ineinander verschränkt, so als hielte sie eine wertvolle Murmel darin versteckt, die es zu beschützen und zu bewahren gilt. Ihre Augen waren fest verschlossen, doch ich hatte das fortwährende Gefühl, dass sie jede meiner Bewegung beobachten könnte. Und so faltete auch ich meine Hände, sprach das Gebet in einer seltsamen Form der Gleichzeitigkeit mit. Ich wusste nicht warum. Anfangs betrachtete ich das Ganze als eine Art Spiel. Ich wartete stets darauf, dass sich zwischen ihren faltigen Lidern jederzeit eine weiße Pupillenlinie abzeichnet. Wer zuerst läuert, verliert. Und ich genoss die Vorfreude, sie jederzeit ertappen zu können. Irgendwann wurde das Spiel ein wenig fad, da meine Großmutter in diesem Spiel wesentlich konsequenter war. Ob sie geschummelt hat? Jedoch spielte ich es konsequent weiterhin mit, ich vermutete nach einiger Zeit, dass sie enttäuscht von ihrem Enkel wäre, wenn dieser sich weigern würde.

So kam es, dass ich als kleiner Junge recht früh mit dem Gebet konfrontiert wurde. Ich wusste nicht so recht, was das alles bedeuten sollte, und doch genoss ich bei jedem Besuch dieses schöne Ritual der Gleichzeitigkeit.

„Warum beten wir?"

„Nun, weil wir Danke sagen wollen. Weil Gott uns zuhört."

„Gott?"

„Ja, Gott."

Ich hatte von diesem Gott bereits gehört und hakte nach. „Der im Himmel?"

„Der in deinem Herzen."

Nun, mir schien die Vorstellung von Gott im Himmel damals bereits sehr merkwürdig. Aber im Herzen? Das wurde ja immer lustiger.

Mein Vater zeigte mir damals, wo das Herz am menschlichen Körper liegt, und er erklärte mir, dass es aus zwei Kammern und einem Vorhof besteht. Klingt nach einem schönen Zuhause. Aber so wirklich viel Platz konnte dort doch nicht sein. Muss ja ganz schön klein sein, dieser Gott. Den im Himmel habe ich mir jedenfalls wesentlich größer vorgestellt. Diese Herzgeschichte war sehr unglaubwürdig. Aber ich dachte, zumindest würde es dieses regelmäßige Schlagen und Pochen unter der Brust erklären. Nur warum lässt man ihn dann nicht raus, wenn er doch die ganze Zeit klopft? Viele Fragen schossen mir durch den Kopf, aber ich behielt sie für mich.

Meine Großmutter war sehr berühmt als Märchen- und Geschichtenerzählerin. Die

Kinder wussten genau, dass sie angeschwindelt werden, aber sie liebten es, ihr zuzuhören. Und manchmal wird man schließlich gerne mal angeflunkert. Oder? Und so wusste diesmal auch ich ganz genau, dass diese Herzgeschichte niemals wahr sein konnte. Aber trotzdem war es eine schöne Geschichte. Und ich liebte es, meiner Großmutter zuzuhören.

Einige Jahre später wurde mir zunehmend bewusst, dass es sich diesmal wohl nicht um eine von Großmutters Geschichten handelte. Sie gab sich für ihre Geschichten zwar jedes Mal sehr, sehr viel Mühe, aber diesmal war es irgendwie anders.

Sie inszenierte diese Geschichte in einer beharrlichen Konstanz. Zunächst dachte ich, dass sie wirklich annähme, ich würde ihr diese Gott-Geschichte abnehmen, und dass sie sie nur deswegen so weit ausschmückt, um mich nicht zu enttäuschen. Diesen scheinbaren Schwindel wollte sie wohl nun nicht platzen lassen. Aber mit der Zeit dachte ich immer mehr, sie würde ihre eigene Geschichte diesmal selber glauben. „Glauben." So nannte sie ihre Geschichte übrigens. Glauben. Und vieles habe ich von dieser Geschichte nicht verstanden, aber ich liebte die Intensität, in der meine Großmutter sie erzählte und aufführte.

Im Nachhinein kann man sagen. Ich liebte die Geräusche des Glaubens. Das Klackern der

Holzfiguren vom Krippenspiel. Das Rascheln der hauchzarten Seiten ihres Psalmenkalenders. Das Knacken der Fingerknochen nach einem langen Gebet. Vor allem aber liebte ich die Stimmlage, in der sie die kleinen Gedichte und Verse vortrug. „Vater, segne diese Speise."

Viele dieser Zeilen sprach sie im Stillen in sich hinein, und dabei beobachtete ich sie nur allzu gerne. Es war wirklich alles sehr, sehr seltsam. Manchmal, wenn sie glücklich schien, dann ihre Augen schloss und die Hände faltete, fing sie urplötzlich an zu weinen. Und dann, wenn es ihr besonders schlecht ging, weil sie Schmerzen hatte oder an meinen Großvater dachte, dann fing sie im Gebet an, bis über beide Ohren schelmisch zu grinsen. Schon sehr merkwürdig, dieses „Glauben."

Und plötzlich dachte ich an mein Herz, an den kleinen Mann, der da zusammengeknäult in seiner engen Kammer saß, und da musste ich auch lachen.

Ich erinnere mich an einen kühlen Sonntagmorgen im Oktober. Der Tag, an dem ich das erste Mal eine Kirche betrat. Ich blieb damals lange vor diesem Gebäude stehen, schaute es mir von oben bis unten detailgenau an. Die Kirchturmspitze, die Rundbögen, die bunten gefärbten Fenster, die riesige Uhr. Es war ein sehr schönes Gebäude, und doch machte es mir auf eine seltsame Weise Angst. Ich blieb lange stehen und hatte dabei stets das Gefühl einen Schritt zurückgehen zu müssen, anstatt mich dieser Tür nähern zu wollen.

Nun sind viele Jahre vergangen. Dass der kleine Herr Gott nicht in meiner linken Herzkammer auf einem Stuhl sitzt, das habe ich mittlerweile verstanden. Den Rest nicht, weder die Welt, das Leben, den Menschen, noch den Glauben. Ich bin kein religiöser Mensch, soviel kann ich sagen.

Aber glauben? Ich weiß es nicht. Ich weiß, dass ich das Schreiben und das Erzählen liebe, dass ich es liebe Geschichten zu hören. Angenommen, meine geliebte Großmutter war sich stets bewusst, dass das alles eine Geschichte war, dann finde ich es doch bemerkenswert, wie sie in dieser Geschichte gelebt hat und wie sehr sie sie gebraucht hat. Und vor allem mit wie viel Mühe und Liebe sie diese Geschichte weitergegeben hat. Mit welcher Absicht auch immer. Vielleicht einfach nur des Erzählens wegen. Nun, mich faszinieren Geschichten. Und diese Geschichte mit dem Glauben fasziniert mich besonders, weil es keine Erzählung ist, die Antworten fordert, sondern eine, die Fragen nicht nur zulässt, sondern auch stellt.

Der Prozess des Schreibens ist ähnlich. Sie schreiben und statt Klarheit gewinnen Sie Unwissenheit. Aufruhr. Finden vielleicht eine Antwort auf Ihre Frage, aber gewinnen zeitgleich viele weitere neue Fragen. Irgendwann lernen Sie mit dieser selbstproduzierten Unklarheit zu leben. Und wenn Glauben bedeutet, mit Fragen zu leben, statt mit Antworten, dann vermute ich, dass ich glaube. Ja, ich würde sagen, dass ich ein gläubiger Mensch bin.

Und die Kirche? Nun, ich mag das Geräusch der knirschenden Fingerknochen älterer Menschen beim gemeinsamen Gebet. Mehr kann und will ich dazu nicht sagen.

Und Gott? Den hab ich noch nicht gefunden, bisweilen auch noch nicht gesucht. Ich weiß nicht, ob er irgendwann von einer Wolke plumpst, eine Herzwand einschlägt oder sich heimlich ins Fäustchen lacht, beim Gedanken, er würde in irgendeines Menschen Herzen wohnen.

Ich weiß, dass Glauben für viele Menschen Hoffnung und Zuversicht bedeutet. Meine Großmutter hat ihren Glauben gebraucht. Und sie hatte eine besondere Eigenschaft, die ich bei vielen Menschen vermisse. Demut vor dem Leben.

Ich habe keine Angst, dass die Menschen den Glauben mit der Zeit verlieren, aber ich habe Angst, dass die Menschen ihre Geschichten verlieren. Erzählen ist etwas sehr Wertvolles.

Fiberglasscheiben

Mit dem Finger zeigt er auf die riesigen Maschinen, die die grauen Rollfelder entlang gleiten, seine Nasenspitze presst er an die beschlagenen Panoramafenster im Portal, während er die lautlosen Gleiter beobachtet. Dies ist keine Geschichte. Ich möchte nur die Wahrnehmungen und Empfindungen eines kleinen Jungen schildern, der sich selbst zu diesem Zeitpunkt gar nicht darüber klar war, wie sehr solche Bilder und Ereignisse sein Leben einmal prägen und bestimmen sollten.

Er steht also hier und beobachtet die Passagiere, die aus den Luftschiffen steigen, kleine Punkte auf dem weitläufigen Terrain darstellen. Und er bewegt seine Lippen und spricht ihre Worte, die keine Worte sind, nur stilles Geräusch. Hier, hinter den Fiberglasscheiben. Es ist Nacht. Die Rollbahn ist hell erleuchtet. Hitze. Der Asphalt flimmert in der Lichtreflexion. Türme sind dort, und Lampen, die ihn die Konturen der Bahn erkennen lassen. Sein Vater zog ihn von der Scheibe fort und führte ihn mit ins Terminal, überall erblickte er hell aufblinkende Lichtertafeln, auf denen die Namen von großen Städten abgebildet waren. Damals wusste er nicht, dass es Städte sind. Damals waren es noch keine Buchstaben. Es waren nur Lichter. Und wieder bewegte sich sein Arm und erstreckte sich nach oben, so, als könne er die Lichter damit berühren. Er wusste von nichts und doch wusste er mehr als jetzt.

An einem Samstag ereignete es sich, dass seine Mutter ihn mit in ein Geschäft brachte, dort gab es viel von den eckigen Dingern, die der Vater abends in den Händen hielt, in die er dann hineinblickte, ab und zu das Papier bewegte und damit, nur mit dieser Bewegung scheinbar, so wunderbare Geschichten zauberte. Riesige Holzregale standen in diesem Geschäft, in diesem Raum gab es keine Wände, nein, es gab nur diese eckigen Dinger. Und der Junge wusste damals genau, dass, wenn er so groß ist, er auch einmal solche Geschichten in ihnen finden kann. Er war also umgeben von Geschichten. Ein ganzer Raum voller Geschichten. Er fühlte sich wohl in diesem Geschäft. Alles war so schön still hier, und obwohl ihm der Zugang zu den Geschichten fehlte, da er nun aus den schwarzen Farbflecken keine Geschichten zaubern konnte, wartete er also.

Hin und wieder, an einem freien Tag im Jahr durfte er sich vom Vater einen Ausflug wünschen und nie kamen sie dabei über die Stadtgrenzen hinaus, sondern landeten jedes Mal an dem Ort, von dem er die riesigen Maschinen auf den Rollfeldern betrachten konnte. Und jedes Mal ließ ihn der Vater dort etwas sitzen und zeigte Verständnis, wenn er die Nase auch allzu fest an die Glasscheiben presste. Hier an diesem Ort gab es genauso viele Geschichten wie in Vaters eckigen Papierkästen. Hier gab es Geschichten ohne Buchstaben. Hier gab es Bewegung, Menschen, Farbe, Geräusch, Licht, Stimmen, Gerüche und Fiberglasscheiben. Hier hörte er, wie Menschen weinten, weil sie voneinander lange Abschied nehmen müssen, wie Menschen schwiegen, weil sie nicht wussten, ob sie Abschied nehmen sollten, wie Menschen lachten, weil sie einander endlich wiederhatten. Hier sah er, wie Menschen rannten, schlürften, schlichen oder auf gleitenden Treppen verschwanden, er roch den Duft von Tabak, Parfüm und Distanz. Auch wenn er nicht wusste, was das ist: Distanz. Doch er wusste, dass es eine Geschichte ist. Hier, hinter dem Fiberglas.

Einmal stellte er sich vor, dass er selbst in so eine riesige Maschine steigen würde, und er dachte daran, dass ihm diese Dinger viel zu schnell sind, hatte damals schon Angst, dass er die Geschichten dabei verliert, wenn er hinter der Scheibe verschwindet, und dass ein anderer Junge dann seine Geschichten stehlen würde und er diesen Jungen dann sehen würde in dieser Geschichte, als kleinen Punkt, der am Himmel verschwindet.

Und heute sitzt er wieder hier, trauert all den Geschichten nach, die er nie zu Papier brachte. Von denen er dann und wann träumte, sie jedoch schnell wieder vergaß. Und nun kann er die ganzen Lichtertafeln lesen, weiß, dass dort Paris steht oder Stockholm oder London, und weiß, was Sehnsucht ist und Abschied und Distanz. Und nun sind es keine Geschichten mehr. Nun ist es das Leben.

Bordsteintexturen

Ein Klartraum. Bilder im Schlaf. Obskures Bewusstsein. Alles unter dir ist Frost, dein Atem verschwimmt, nicht sichtbar im säuselnden Weiß ... denn der Regen ist warm und du läufst durch die Straßen von Prag, unter dir wird Schnee zu Wasser. Leichte Mädchen pressen sich an deine Haut, fast winselnd nach Gnade, schmiegen sich an deine Wangen und flüstern dir mit ihren wulstigen Lippen zu. Es sind Worte auf Tschechisch, die du nicht verstehst. Doch du musst weiter, denn der Zeiger der Turmuhr tickt und du läufst vorbei an Geschäften und Backstuben mit Fenstern voller Schlieren. Es sieht aus wie ein Sprung im Glas, doch ist nur ein Sprung in der Zeile.

Und Worte tropfen wie Regen herab. Die Buchstaben prasseln auf dich nieder, peitschen durch dein Gesicht und dein Blick geht zu Boden auf Bordsteintexturen. Der Regen legt sich sanft auf Häuserdächer, perlt von den Giebeln auf dein Gesicht. Du streichst ihn fort, doch die Schlieren bleiben auf deinen Wangen. Alles glänzt. In den Pfützen am Boden: Porträts der Straßenlampen, ihren Kopf behutsam geneigt, sorgevoll schimmernd, schützend wirkend, reflektiert vom nassen Trottoir. Lichterspiel im schwarzweißen Umfeld, glänzend wie ein schwacher Sonnenstrahl auf dem Trichter einer rostroten Trompete. Du rennst und siehst alles verschwommen. Stillstand existiert nicht. Deine Augen, wie Linsen suchend nach Tiefenschärfe. Und du läufst durch die Straßen von Prag, blind geführt vom Herzen, das schlägt im Takt des prasselnden Regens. Konturen verschwinden wie Zeit. Die Uhr tickt schneller. Du spürst es irgendwie …

Und du folgst nur den Worten. Sie hallen in dir: Du fliehst in den Schacht, in die U-Bahn, und schaust. Die Menschen sitzen und lesen. Lichter flackern, die Zeilen zittern. Der Fotoapparat wackelt. Fensterblick schwarz. Im Abbild nur du, und du schaust auf die staubigen Scheiben und Schlieren sind Zeilen, die bröckeln, und tröpfelnd verlässt du den Bahnhof und ahnst bloß, es geht hier um mehr …

Doch du kannst es nicht greifen, schier endlosende Schleifen von Bildern in deinem Kopf, die vorüberziehen wie Strommasten an Bahngleisen. Und die Gleise legen sich durch Landschaften wie Zeilen auf Blätter, und die Züge schreiben die Worte, die Menschen nur Lettern. Sie gleiten durch Wälder, an Städten vorbei, in die Nacht. Und oben am surrenden Strommast sitzt eine Taube und schaut auf die Erde, sieht, wie die Welt beschrieben wird von Schriftzügen. Und diese Bilder rauschen tonlos vorbei … und alles ist Schliere. Die Sekunden fliehen vorbei … Du spürst es irgendwie … Der Schnee

32

ist fast fort und die Farbtropfen plätschern auf das Leinwandgewebe.

Du läufst durch die Straßen von Prag. Unscharfe Bilder, zerbrechliche Konturen im Himmel verlaufend, wie Tinte auf Cellophan. Doch du hörst diese Stimme in dir und du läufst. Die Menschen wie Felsen, fulminant, den bröckelnden Pfad dir versperrend, auf Bordsteintexturen, die rau sind, nicht glatt, die grau sind und matt. Und der Zeiger erreicht fast sein Ziel. Du spürst es irgendwie.

Und Worte, sie tropfen wie Regen herab.

Fragmentarische Bilder. Aneinandergereiht. Du läufst und läufst und dein Umfeld gleicht einer einzigen Silhouette. Vorbei an Gaststätten und Nachtlokalen. Die Menschen taumeln, torkeln umher. Hemmungslose Besäufnisse. Heute: Tanz. Wieder Geruch, duftend wie ein Wort, das du kennst. Distanz. Du öffnest die Türen des Hotels, vorbei am Empfang und stehst vorm Lift, drückst auf den Knopf und wartest. Die Buchstaben leuchten auf. Die Türen öffnen sich und du steigst ein und drückst wahllos auf 17. Wartest und wartest. Im menschgroßen Spiegel des Aufzugs betrachtest du dich, wie du dastehst, ganz nass, wie ein Kaiser mit schmelzender Krone. Und da sind Worte auf Tschechisch, die du nicht verstehst. Es erklingt das Signal, die Türen schieben sich in aller Ruhe auf und du stehst dort inmitten im Regen auf atmenden Straßen, du drehst dich um und liest ein Wort, das du nicht verstehst. Doch „Ascenseur" klingt nicht nach Prag.

Die Lücken zwischen den Bildern scheinen zu groß zu werden. Der Schnee ist weg und der Boden bebt unter dir. Doch du stehst nur über dem U-Bahnschacht. Du gehst und wirst schneller, läufst und läufst auf das Tor zu, spürst die Zeiger im Nacken. Plötzlich, unter all diesen menschlichen Schattierungen, die die Treppen hinaufströmen oder auf Rolltreppen gleiten, ist da ... dieser Mensch, inmitten schwarzweißer Welten, in all seiner Farbigkeit, den du suchst. Und du spürst, wie der Zeiger langsamer wird. Du siehst diesen Menschen, er singt ein Lied vom Regen in Prag. Und du weißt, du liebst diesen Menschen, ihr habt euch gekannt, wart so lange Zeiten so eng verbunden, habt Nächte geteilt, ohne Körper zu tasten. Als wäre es die letzte Habseligkeit. Doch ihr habt euch gefühlt, im Herzen gefunden, euch so nah berührt, wie es Körper nicht können. Ihr seid Wörter in Zeilen, ihr hört euer Schreien auch ohne ein Wort, das die Lippen verlässt.

Doch das Leben diktiert Zeilensprünge, um Blätter zu füllen, um Bücher zu schaffen. Die Chronik der Welt hat euch getrennt, um entgegen der Gleise und Bordsteintexturen die Zeilen zu schreiben, die euch erfüllen. Die Zeilen zu schreiben, die niemand diktiert. Eure eigenen Zeilen, die Habseligkeiten sind. Und die Zeit, sie würde wissen, was sie tut. Und nun seid ihr hier, schaut euch in die Augen, die glänzen und glitzern. Konturen entstehen. Tiefenschärfe lässt das Umfeld verschwimmen und da seid plötzlich nur noch ihr, und ihr könnt jede eurer Poren erkennen. Jedes Farbmolekül, ein Glänzen im Matt. Ihr seht euch an und alles wird leise und langsam. Der Ton erlischt. Und plötzlich: Schwärze. Rauschen. Das Filmband geschnitten. Das Klingen der Glocken ertönt. Das Licht schimmert durchs Fenster. Du bist wach. Sandige Schlieren auf flimmernder Netzhaut.

Du greifst zum Stift und notierst. Distanz ist manchmal nur ein Sprung in der Zeile.

Blaue Noten und leiser Zweifel

Du weißt, du liebst Jazz. Du liebst dieses Unerwartete. Diesen Hauch von Atonalität, der sich nicht bemüht der Perfektion nahezukommen. Du liebst Jazz, weil er so unrein ist. Du liebst das Knistern der alten Platten, liebst das matt-silberne Saxophon, das seit Jahren im Keller liegt und im staubigen Koffer schlummert. Denn da ist die Erinnerung an diesen Menschen mit verbunden. Diesen ruhigen, unscheinbaren Menschen, der nie ein Wort gesagt hat. Der immer geschwiegen hat. Der einfach immer geschwiegen hat. Und dann betrat er die Bühne in diesem dunklen verrauchten Jazzclub, nahm sein Saxophon und war lauter denn je. Das war seine Sprache. In diesem Moment hat er die Welt verändert. Und jetzt schlummert sein Saxophon im Keller, neben den morschen Brettern und den vergessenen Träumen.

Du machst das Radio an, drehst an diesem geriffelten Rädchen und hörst irgendwann wieder diesen Klang. Jazz. Blaue Noten. Und deine Augen glitzern. Du weißt, du liebst diesen Klang über alles, dieses Fortbleiben von Harmonie, dieses imposante blecherne Dröhnen, diesen Takt, diese Dynamik, dieses Leben. Jede damit verbundene Erinnerung. Du weißt, du liebst es.

Aber manchmal läuft da diese Musik, die du liebst ... du wirst wach, öffnest deine Lider, kratzt dir deine sandigen Traumrückstände aus den schlierigen Augen und denkst: „Gottverdammt. Es ist Sonntag früh am Morgen. Warum läuft denn da Jazz?"

Und dann gehst du irgendwann in die Küche, schaltest das Radio aus, machst dir deinen Kaffee und rauchst ein paar Zigaretten. Dann nach einigen Minuten setzt du dich schlaftrunken an dein Klavier, öffnest die schwere knatternde Klappe und bleibst erst mal einfach nur sitzen. Schaust auf die Tasten und die staubigen Fugen. Irgendwann wandert dein rechter Zeigefinger über die Klaviatur und bleibt irgendwo stehen, du schließt die Augen und plötzlich erklingt dieser Ton wie von selbst. Und du weißt: „Ja, genau. Das war er, diese stille Ton. Dieser stille Sonntag-Morgen-Ton." Und da ist es wieder: Dieses flackernde Funkeln in deinen Augen! Plötzlich entsteht diese ganze Komposition wie von allein, irgendwo aus der Peripherie deiner Erinnerung. Reminiszenzen deiner Kindheit. Bruchstücke von Harmonie, sie wandern aus deiner Vorstellung, unmittelbar direkt in deine Fingerspitzen. Und da ist kein Ton unerwartet. Nicht der Hauch von Atonalität. Reine Perfektion.

Sonntag früh am Morgen. Nur du und das Klavier und du denkst: „Das ist es". Und in diesem Moment kannst du dir gar nicht vorstellen, jemals die Saxophonklänge gemocht zu haben. Gegen diese Tonreinheit des Klaviers erscheint dir plötzlich alles andere wertlos. Und das hat nichts mit Vergessen oder Verdrängung zu tun. Das ist nur die Intensität des Augenblicks. In diesem Moment brauchst du das Klavier, die Erinnerung an Kindheit, dieses Gefühl von Empfindsamkeit. An diesem Sonntagmorgen.

Und die blauen Noten schlummern in der Kiste im Keller. Aber das nehmen sie dir nicht übel. Nicht jetzt. Das Saxophon liegt in seinem Koffer und schläft den Schlaf der Gerechten.

Es sind diese Morgen.

Und es sind diese Abende davor. Du hockst hier in der Bar, sitzt auf dem alten Hocker, grummelst vor dich hin und hältst mit zitternden Händen dein Glas fest. Du sitzt nicht hier, weil du willst, sondern nur weil Samstagabend ist und weil es ja seltsam wäre, wenn man zuhause säße. Und jetzt sitzt du dort, und schimpfst und schweigst und schimpfst und schweigst. Plötzlich kommt dieser Song, und zum ersten Mal in deinem Leben tanzt du. Einfach so. Du tanzt. Du siehst nichts, du riechst nichts, du tanzt. Tanzen ist nicht dein Ding, aber heute ... auf einmal. Wie von Geisterhand dreht sich dein Körper ... bewegen sich deine Beine im Takt. Und du verstehst dich selbst nicht mehr.

Es sind diese Abende davor. Diese Abende, an denen du einfach nur mit deiner Frau auf dem Sofa sitzen willst: einen Film schauen, Wein trinken, nur du und dein Mädchen. Viel rauchen, viel schweigen. Und schon Tage zuvor freust du dich auf diesen Abend. Auf diesen Film, auf deine Couch und auf dein wunderbares Mädchen.

Und irgendwann mitten im Film legt sie ihren Kopf auf deine Schulter und du denkst: „Hey, doch nicht jetzt."

Diese Abende davor. An denen du glaubst, du fliegst, und plötzlich merkst, du hast keine Flügel. Oder du hast Flügel, aber gerade keine Lust zu fliegen. An denen alles aufgewühlt wird, alles in Frage gestellt. Du glaubst dein Leben lang zu wissen, dass es keinen Gott gibt. Es gibt nur dich und die Welt. Und dann ist die Welt mal am Arsch und du auch und dann suchst du ihn wieder, deinen Gott. Aber dann hast du ihn schon verloren. Du weißt, du liebst eine Frau, rennst ihr ein Leben lang hinterher, vergisst deinen Stolz und deine leisen Zweifel, denn du weißt, du liebst sie. Und irgendwann ist sie dann da. Und du merkst: Du hast gar kein Interesse mehr. Da ist gerade gar nicht die Zeit für. Wie willst du denn jemandem Halt bieten, wo du doch selber so taumelst? Wo du selber gerade tanzt ... du, der sonst eigentlich nie tanzt.

Dieser Abend davor, an dem man dir die Harmonie schenken will und du die Atonalität suchst. Zeit und Raum, es ist alles verkehrt. Vielleicht nur in dieser Minute oder in dieser Sekunde. Die Intensität des Augenblicks. Wo du den Deckel des Klaviers zuklappst und deine alten Jazzplatten auflegst, oder wo du das Saxophon wieder zurück in den Koffer legst und dich einfach nur schweigend vor dein Klavier setzt. Blaue Noten und leiser Zweifel.

Gießkannen sind grün

Ein Marktplatz. Großräumig. Die Eisdielen und Kaffeehäuser haben ihre Garnituren aufgestellt. Zahlreiche Bänke zieren die weitläufige Fläche. Bänke, beschichtet mit dunkelgrüner Sehnsucht. Im Hintergrund eine Kirche. Backstein. Rotbrauner Anstrich. Klassizistisch, sagt man. Jahreszahlen sind in eine silbergrauglänzende Steintafel graviert.

Im Hintergrund schläft der Zeitungsverkäufer. Aus den Fugen der Pflastersteine wächst Gras, vereinzelt Blumen. Ein paar Fassaden weiter gibt es einen Hinterhof. Wäscheleinen prägen das Bild. Gartenmöbel und eine Gießkanne. Gießkannen sind grün. Sprünge im Lack. Witterung. Vor der Scheune: morsches Holz in einer rostigen Schubkarre. Schubkarren sind rostig. Eine alte Frau hängt ihre Wäsche auf. Eine Katze suhlt sich in der Sonne. Bald wird die Frau auch zum Marktplatz gehen. Palisaden. Farbigkeit. Der Zeitungsverkäufer schläft. Sein Stand ist klein. Viele Menschen kommen nicht. Die Cafés sind voll. Die Sonne steht im Zenit. Menschen führen Gespräche. Einige spazieren quer über den Platz. Manche kaufen einen Blumenkohl, andere Geranien, andere Brot. Manche sitzen auf dunkelgrünen Bänken. Im Altbauhinterhof hängen Handtücher und Bettdecken an der Wäscheleine. Vereinzelt liegen Wäscheklammern im

Gras. Einige haften an der Leine. Pastellfarbene Klammern in all ihrer Farbigkeit. Nur die Frau, vielmehr ihr Blick, wirkt schwarzweiß, reduziert auf monochrome Farbverläufe. Manche Menschen haben ihre Farbigkeit verloren und suchen dann womöglich unbewusst die Nähe von Wäscheklammern.

Auch diese Wattestäbchen sind farbig. Und Heftzwecken. Wahrscheinlich hat die Dame sehr saubere Ohren und einen ordentlichen Schreibtisch. Jeden Morgen hängt sie ihre Wäsche hier auf. Danach gießt sie die Blumen auf der Fensterbank und die Kräuter im Kupfertöpfchen. Gießkannen sind grün. Die Dame schaut angespannt auf die Uhr und beschließt einen Tee aufzugießen. In anmutiger Sorgsamkeit stellt sie das Porzellangedeck auf den Küchentisch. Ihre Servietten sind weiß. Die Gardine ist weiß. Die Fliesen sind weiß. Vom Küchentisch aus sieht sie das Fensterbrett und den Garten. Grün sind sie, die Gießkannen. Blau sind sie selten.

Gegen Mittag macht sie sich auf den Weg zum Marktplatz. Menschen tummeln sich um die Blumen- und Gemüsestände. Dem Teigtaschenmann läuft das Wasser von der Stirn. Die meisten Menschen sitzen auf den Stühlen der Eiscafés, lassen ihre Blicke entlang der Markisen schweifen, blicken mit geschlossenen Augen in das Sonnenlicht, suhlen sich in der Hitze wie die alte Katze im Garten. Manche lesen ein Buch, manche machen ein Schläfchen. Der Zeitungsverkäufer schläft schon sehr lange. Eine junge Mutter schaukelt den Kinderwagen in routiniert konstanter Gleichzeitigkeit vor sich her. Die Menschen führen Gespräche mit anderen Menschen. Das machen Menschen so. Ein alter Mann spricht in seine Flasche hinein. Er sitzt nicht im Eiscafé. Auf der Holzbank, da sitzt er. Alleine sitzt man nicht gerne im Café. Menschen reden mit Flaschen. Gießkannen sind grün.

Erschöpft setzt sich der Postbote auf die Stufen vor der Kirche, zündet sich eine Zigarette an und pustet den blauen Rauch in den flimmernden Mittagshimmel. Die Treppen glühen. Heute Morgen hat eine Frau das Putzwasser über die Treppen gegossen. Wasser verdunstet. Die Sonne brennt, inszeniert ein koloriertes Spiel auf den Mustern der Stufen. Der Zeitungsverkäufer, er schläft noch immer. Ein Vogel liegt tot auf den Pflastersteinen. Den Kindern sagt man, er schläft. Ein Mann wurde vor einigen Jahren begraben, man weiß das. Die Frau hängt jeden Morgen seine Wäsche auf. Die Frau stellt ihm jeden Abend seine blaue Tasse auf den Küchentisch, schaut dann auf die Uhr und aus dem Fenster. Sie denkt, wie immer, er käme später. Er wäre wohl wieder bei der Arbeit eingeschlafen. Sein Laden ist klein, Kundschaft selten geworden. Oft schlief er hinter der Zeitung. Vögel schlafen, Menschen sterben. Und Menschen vergessen. Gießkannen sind grün.

Der Leuchtturm

Am Heck eines alten Frachters steht ein kleiner Junge und winkt. Ein alter Herr sitzt am Hafen und lässt seinen Blick in die Ferne schweifen. Irgendwann erblickt er den Jungen auf dem Schiff und winkt zurück.

Nach einiger Zeit verschwindet das Schiff am Horizont. Der alte Herr sitzt am Ufer, den Schirm seiner Mütze tief ins Gesicht gezogen, um sich vor der Sonne zu schützen. Ein Klappstuhl. Eine Tasse Kaffee. Eine Staffelei. Mit einem schwarzen Kohlestift zeichnet er die verankerten anliegenden Schiffe. Einmaster, Zweimaster, Fischerboote, Frachter, Lastschiffe. Manchmal zeichnet er auch nur die Kräne, diese rostigen müden Kräne.

Ich sitze neben ihm. Wenn er zeichnet, dann zwirbelt er währenddessen mit seiner linken Hand an seinem Schnurrbart, bis dieser die Form einer Pinselspitze annimmt. Manchmal sitzt er stundenlang einfach nur dort und zwirbelt an seinem Bart. Es ist diese reibende Bewegung mit dem Daumen und dem Zeigefinger. Herrlich. Wenn er nicht gerade seinen Bart krault oder die Schiffe zeichnet, dann dreht er Zigaretten. Die gleiche Bewegung, nur dass diesmal auch der Mittelfinger mit ins Spiel kommt. Aber es ist dieses behutsame Reiben. So als wolle man Wärme erschaffen. Als reibe man zwei kleine Äste aneinander, um ein Feuer zu entfachen. Der Mann hat noch nie in seinem Leben geraucht, verriet er mir einmal. Er verwahrt die Zigaretten in einer alten Holzschachtel. „Irgendwann kommt vielleicht der Zeitpunkt, an dem es gut ist zu rauchen. Wer weiß das schon", sagte er. Auch mag er den Anblick von seinem Schnurrbart nicht. Er gestand mir eines Tages, er wolle nicht das Klischee vom alten schnurrbärtigen Seebären erfüllen, der am Hafen sitzt und Schiffe zeichnet. Aber es ist dieses Ritual, das er mag. Dieses Ritual, am Hafen zu sitzen und mit seinen Fingern diese reibende Bewegung auszuüben.

„Und zeichnen Sie denn eigentlich gerne?"

„Hmm …", murmelt er. „Früher nicht. Viele Menschen fangen mit dem Zeichnen an, weil sie gerne etwas in ihren Händen halten", und dabei rieb er den Stift zwischen den Fingern. „Aber sehen Sie … irgendwann hab ich es gerne getan. Ich hab viel probiert, am Anfang habe ich Portraits von Menschen gezeichnet. Aber die Menschen haben mich irgendwann gelangweilt. Es sind immer dieselben Gesichter. Sobald die Menschen wissen, dass sie gezeichnet werden, nehmen sie die gleiche Gestalt an. Später hab ich dann angefangen den Horizont zu zeichnen, und glauben sie mir, die Menschen haben alle meine Bilder gekauft. Sie lieben die Bilder vom Horizont. Leichter Wellengang, Silhouet-

45

ten von Schiffen, ein paar Vögel, Abendrot. Sie haben wirklich alles gekauft. Manchmal saßen sie minutenlang neben mir auf dem Stuhl und haben mir beim Zeichnen zugeschaut. Wissen Sie, niemand hängt diese Bilder zuhause auf. Sie landen auf dem Dachstuhl. Ich weiß das. Die Bilder sind schrecklich. Ich bin wahrlich kein guter Zeichner. Aber die Menschen kaufen es. Und wissen Sie warum?" „Naja", erwiderte ich, „vermutlich, weil sie sich erinnern wollen." „Nein", sagte der Mann, „wenn sie sich erinnern wollten, dann würden sie mir Fragen stellen, mit mir reden, sie würden beobachten, des Duft des Meeres atmen. Vor allem würden sie selber den Horizont anschauen. Es gibt doch nichts Schöneres. Schauen Sie doch mal. Diese fließende flimmernde Linie. Und dann sehen sie die Konturen der Schiffe und irgendwann verschwinden sie. Sie verschwinden. Das muss man sich mal vorstellen. Aber sehen Sie hier auch nur einen Menschen der den Horizont beobachtet? Nein, sie alle schauen mir zu, wie ich den Horizont zeichne. Wissen Sie, heutzutage könnte man den Menschen wirklich wieder erzählen, die Welt sei eine Scheibe. Sie müssten es nur in ein paar Zeitungen oder Büchern lesen, ein paar Menschen von hohem Rang müssten es bestätigen. Wenn ich es dann noch zeichnen würde … irgendwann würde es jeder glauben. Dabei müssten sie doch nur einmal wieder selber zum Horizont schauen. Aber nein, sie schauen alle nur auf meine Leinwand. Die Blicke der Menschen werden trüb. Sie verschwinden hinter Linsen und Fernrohren. Gerade hier am Hafen. Schauen Sie mal. Die Kinder stehen an diesen Münzfernrohren und die Erwachsenen schauen durch ihre Kameras. Die anderen sitzen bei mir. Vermutlich weil ich eine gewisse Ruhe ausstrahle."

„Warum zeichnen Sie die Schiffe?", fragte ich den Mann. „Nun", sagte er, „weil ich sie liebe. Seit ich ein kleiner Junge bin, träume ich davon, selber mit solch einem Kahn über das Wasser zu gleiten. Ich glaube, wenn es einen Ort der Stille gibt, dann ist es das Meer. Sehen Sie dort hinten, diesen Leuchtturm auf der kleinen Insel? Mir würde es womöglich schon völlig ausreichen, nur bis dorthin zu gelangen. Da würde ich dann bleiben. Ich glaube, wenn ich dort auf der Insel wäre, würde ich sogar meine Holzkiste auspacken und mit dem Rauchen anfangen. Was sollte ich dort auch anderes tun? Ein rauchender Seebär, der vor einem Leuchtturm sitzt und die Schiffe zeichnet. Gäb es ein schöneres Bild? Wohl kaum …"

Und dann ergänzt er, „…aber eigentlich würde ich lieber weiter hinaus. Bis zum Horizont. Und verschwinden. Jetzt, wo ich es Ihnen so erzähle, wünsche ich es mir mehr denn je. Was meinen Sie? Verschwinden die Menschen und die Schiffe? Sitzt am anderen Ende des Horizonts auch ein Mensch und zeichnet Bilder, verkauft Postkartenmotive als Zwangserinnerungen? Manchmal glaube ich, der Horizont ist so etwas wie ein Spiegel. Nur, dass er uns nicht direkt abbildet, sondern eben auf die Rückseite reflektiert. Vielleicht ist es so. Ich hab es noch nicht überprüft.

Ich liebe diesen Ort, wissen Sie. Den Hafen, die Luft, die Möwen, den Wellensaum, die Kräne. Aber noch viel mehr liebe ich die Schiffe. Sie sind doch das Schönste, was der Mensch je gebaut hat. Aber die Schiffe sind dem Menschen zu langsam geworden. Die Menschen brauchen Antrieb, Motoren, Beschleunigung. Erst wenn die Landschaft um sie herum komplett verschwimmt und zu einem monotonen, verzerrten Bild wird, wenn sie die Geschwindigkeit nicht mehr sehen können, beim visuellen Stillstand der Bewegung, dann ist es gerade schnell genug. Ein Segelschiff, das ist wie ein alter Mann, der nicht mehr hinterherkommt. Ich würde so gerne auf diesem Schiff sitzen und nur das Meer um mich herum sehen. Mit jeder Kontur, jeder Welle, jedem Windzug. Nur ich und die Stille."

„Und warum tun Sie das nicht?", frage ich ihn.

Da blinzelte er kurz auf, grinste ein wenig schelmisch, sah mich an und erwiderte: „Ha-

ben Sie vorhin diesen Jungen auf dem Schiff gesehen? Haben Sie gesehen wie er gewinkt hat?
Stellen Sie sich vor, ich säße auch auf diesem
Schiff ... Wem sollte er denn zuwinken? Wem
sollte er denn noch zuwinken?"

Koriander & Kardamom

Was ist es denn? Reize eines fremden Körpers?
Die Mystik eines Impulses? Oder das Fehlen von
so was wie Ritus? Ist es das, was du brauchst?
Das synchrone Spiel von Aktion und Reaktion,
eine Wechselwirkung von motorischen Konstanten und so was wie Unvertrautheit? Ja, das wird
es sein. Die Texturen der Haut. Die Strukturen
von Fingerknochen und den fragilen Aderlinien
an den Unterarmen. Das langsame Streichen. Ein
taktiles Aneignen, ein „In-Besitz-Nehmen" von
Oberfläche und Beschaffenheit. Diese Flimmer-
härchen am Nacken, aufragend wie kleine de-
zente Grashalme, nur sichtbar durch das schwa-
che gefilterte Licht zwischen den Blechjalousien.
   Du wartest auf die Variationen von Stimmlage bei zunehmendem Puls. Die Intensität der
Atemschläge und der Wimpernzüge. Die Dau-
er des Augenkontaktes. Die geschlossenen Lider, diese schweren alten Lider, welche sich der
Wahrheit entziehen. Das sind wirklich seltsame
träge Lider.
   Doch dein Körper entflieht dir, verliert sich in
einem Moment. Flackernder Atem, unterbroche-
ne Luftzüge. Und du … von deinen wimmern-
den Wimpern bröckelt (auf meine Stirn) Gestein.
So was wie Kohlenstaub. Bei jedem seltenen Au-
genaufschlag. Schwarze Tasten. Endlose Klaviatur. Zunehmende Atemschläge. Im Hintergrund

der stumme Sängerknabe. Sonorer Bass. Licht-
tragend. Fortgang des Solisten aus Phosphor.
Der Vorhang fällt. Die Träger des Negligés langsam abgestreift. Und nun schwebt der nachlässi-
ge Stoff auf den Dielenboden. Herzschlagartiges
Zerfließen von Zeit. Die Augen verschlossen.
Diese schweren trägen Lider. Die seitliche Ein-
buchtung über den Hüften. Die stramme Haut
an den zitternden Schenkeln. Den Körper des
anderen umschließend, deine starken kraftlosen
Hände. Bestimmend, in gewaltsamer Obacht.
Dirigierend den Takt des Aktes.

Das Plätschern des Wasserhahns im Hintergrund. Und du sagst Worte wie _____
und _____ oder _____. Morphem
für Morphem fällt und zerbricht in gebroche-
nen Ohrmuscheln. Das Plätschern hört auf.
Wohlgeruch. Parfumsegmente und zerronnener
Schweiß. Klirrende Kopfnoten. Koriander und
Kardamom. Weiche entschlossene Küsse auf dem
sehnigen Hals, sie gleiten hinab. Unter der Brust,
dein pochend Herz. Und es schreit irgendwas.
Kannst du es hören? Du musst leise sein.

Am nächsten Morgen: Fortgang der Blüte.
Eine seltsame Form der Entwertung. Ein Topf
mit warmer Milch auf der rostigen Herdplatte.
Kalkweißes Liquid. Überzogen von einem weichen, dünnen, flimmernden Film. Dann: Tabak
und Schweigen. Kaffeereste in einer weißen Tasse. Inszenierte Aufrichtigkeit. Ein Kuss, von dem

jeder weiß, dass er so was ist wie ein höfliches „Fuck you". Ein menschliches Wesen reduziert auf eine Form von Materialität. Keine Erinnerung. Keine Regung. Eher so was wie Aversion vor dir selbst.

Was bleibt? Nur ein einziger einsamer Kaffeelöffel im blechernen Spülbecken. Das einzige Satzzeichen in einem Gespräch ohne Worte. Und dann stehst du da und versuchst das zu ergründen. Du fährst über die leergefegte Autobahn und deine Scheibenwischer wischen in 180 BPM, schaffen nichts außer Schlieren im Niederschlag. Zuhause angekommen. Eine Stunde geduscht, du nimmst Platz auf dem zerfledderten Sessel und schreibst eine Nachricht. „Ich liebe dich, mein Schatz. Du fehlst." Und dann nimmst du einen kräftigen Schluck aus der Flasche und lässt dir den Schnaps in den lüsternen Rachen gleiten, du verhinderter Feuerschlucker. Und dann siehst du dich an und könntest dir in deine feige selbstsüchtige Fresse schlagen. Alles, was übrig bleibt, ist ein Bruchstück von Selbstachtung. Und dieses Bruchstück geht verloren. Dieses Bruchstück sitzt im Gesicht des andern. Aber du, du schließt die Augen. Deine schweren, trägen Lider. Sie spielen das Spiel mit, indem sie geschlossen bleiben. Unter der Brust, dein pochend Herz. Und es schreit irgendwas. Kannst du es hören? Du musst leise sein.

Das karminrote Kleid

Es gibt dort dieses kleine Mädchen. Dieses Kind, im karminroten Kleid. Es gibt sie. Dort. Irgendwo und nirgendwo. Dieses Mädchen, es scheint behaftet von einer permanenten Ortlosigkeit. Man sieht es in gewissen Momenten … und schon ist es wieder fort. Manchmal sitzt es einfach nur dort, auf einer alten rostigen Schaukel, inmitten leergefegter Betonwüsten. Dann und wann malt es in sakral anmutenden Industrieruinen mit pastellfarbener Straßenkreide ein Kreuz auf den staubigen Boden. Und manchmal läuft es allein durch die Straßen, mit aufgespanntem Regenschirm, und versucht zu fliegen. Es ist manchmal einfach nur dort. Dieses Kind im karminroten Kleid. Stets begleitet von einem seltsamen Klang.

„Wer bist du?", fragt es mich.

„Ich weiß es nicht … und du?"

„Ich bin ein junges Mädchen. Ich bin nur eine Art Motiv, eine Vorstellung. Sieh mal, mein Kleid, ist es nicht schön?"

„Ja", sage ich. „Es ist schön. Aber es ist schmutzig. Dort unten am Zipfel haftet Öl."

Und dann ist es wieder weg. Mit dem nächsten Atemzug verschwunden. Irgendwann ist es eine Frau, genau diese Frau. Mit zitternden Händen und zerlaufendem Lidschatten, sie sitzt in einem sandfarbenen Anzug vor den

Panoramafenstern eines Bürogebäudes. Sie sitzt dort, an ihrem Schreibtisch, vor einem leeren Bilderrahmen und schaut nach draußen, so als suche sie etwas. Dort.

Vor dem Gebäude sitzt ein alter Herr. Er kniet vor der Litfaßsäule. In der Hand trägt er ein Pappschild. Ein Satz, irgendein Satz. Und er singt ein Lied für Maria. Jungfrau Maria. Mit zitternder, vibrierender Brust. Irgendein Mann, mal dort, mal dort. Einfach nur irgendein Mann. Begleitet von einem seltsamen Klang.

Dieser Mann war mal ein Kind. Er hatte einen Regenschirm. Damals stellte er sich an manchen Tagen heimlich auf eine Kirchentreppe, spannte den Schirm auf und sprang. *Spannte den Schirm auf und sprang.*

Einmal kam ein Mädchen und fragte ihn, ob es auch mal fliegen darf. „Man kann nicht fliegen", antwortete der Mann. „Nicht mit einem Regenschirm."

„Aber du probierst es doch." „Nein", sagte er. „Ich springe nur mit meinem Schirm die Treppe hinunter."

Und das Mädchen ging fort, ihre Gummistiefel zeichneten zaghafte Zeichen in den Boden. Andeutungen von entschlossenen Schritten.

Als das Mädchen dann weg war, sah der Junge sich vergewissernd um, holte Luft, spannte den Schirm wieder auf und sprang, spannte den Schirm wieder auf und flog.

Und dann setzte sich das Mädchen auf die rostige Schaukel, streckte ihre kleinen Füße in die Luft und war einfach nur irgendein Kind auf irgendeiner Schaukel. Ohne Ort, ohne Zeit, ohne Geschichte, ohne Schritte und Fußspuren.

Und wenn man es dann schaukeln sah und fragte, wer es sei, dann antwortete es stets: „Ich? Ich bin die Melancholie. Die Empfindsamkeit."

Und genau das ist das Problem: Diese Geschichte, dieses Klischee.

Die Melancholie. Sie ist kein junges Mädchen, das mit bangem Blick darauf wartet, dass man sie endlich anschubst. Sie ist kein kleines Kind auf irgendeiner Schaukel vor irgendeinem Fabrikgebäude im Winter, im Regen, abgebildet auf einer monochromen Polaroid-Fotografie. Sie ist doch viel mehr. Aber das will doch niemand hören.

Du musst ihr zuhören, sie annehmen: Die Empfindsamkeit. Ihr einfach mal begegnen. Sie tut doch niemandem was. Vielleicht mag ihr Lächeln selten sein, aber wenn sie es tut, dann ist es wunderschön. Die Melancholie? Was für eine Vorstellung steckt denn mittlerweile dahinter? Traurigkeit, Einsamkeit, Ziellosigkeit: Welch seltsame Vorstellung. Die Traurigkeit hat doch nichts mit Ziellosigkeit zu tun. Die

Traurigkeit ist die einzige Konstante, die uns noch geblieben ist, und die Melancholie ist einfach nur die ehrlichste aufrichtigste Form der Umsetzung. Die Traurigkeit ist die Grundlage, die wir haben. Unsere einzige Konstante. Die Melancholie lacht dir ins Gesicht. Sie will dein Selbstmitleid nicht hören, in ihr stecken Hoffnung und Ambitionen auf Leben. Sie ist voller Intensität, und wenn du dich auf sie einlässt, dann kann das am Anfang sehr schwierig sein, denn niemand ist solch eine Intensität gewohnt. Aber ab und zu solltest du einfach mal ganz leise sein und ihr zuhören. Einfach nur lauschen. Sie ist wunderbar. Und dann wirst du irgendwann herzhafter und befreiter lachen können denn je.

Hör auf zu sagen, die Melancholie sei ein kleines, tristes, graues Kind. Das ist sie nicht.

Und ist das denn nicht der Grund, warum wir Bücher lesen und warum wir Musik hören? Weil wir irgendwann mal fest daran geglaubt haben, dass man mit einem Regenschirm fliegen kann? Dass es da diese Möglichkeit gibt. Haben wir nicht alle mal der Stille gelauscht und gewartet … auf diesen seltsamen Klang?

Stadt ohne Bilder

Ich möchte Ihnen eine weitere Geschichte erzählen. Eine Geschichte, die mich auf seltsame
Art berührt hat, von einem Mann, dem man alles genommen hat, der alles, aber wirklich alles,
verloren hat und doch zu stolz war, um sich seiner Bodenlosigkeit hinzugeben und sich in ihr
zu verlieren. Womöglich war er der traurigste
Mann auf Erden. Vor einigen Jahren traf ich
ihn in einem kleinen rumänischen Dorf, welches von Wäldern und Hügeln abgeschnitten
in einer verlorenen Talsohle lag. Dieses Dorf
war geprägt von Kriegen, von Hungersnot und
den Folgen der Abgeschiedenheit. Doch dieses
Dorf war stolz, so stolz wie der traurige Mann.
Und so blieb es immer dasselbe schöne Dorf,
obwohl die Häuser und Menschen weniger
wurden. Für den Mann war dieses Dorf eine
Stadt, er hatte einmal gelernt, dass es in Städten
Häuser gibt. Und an seinem Ort gab es zwei
Häuser und somit war es eine Stadt. Das wusste
er.

Ich weiß nicht mehr, was mich einst in diese
Stadt geführt hat. Ich habe es vergessen. Aber
ich erinnere mich an jedes einzelne Wort dieses
Mannes, der, während er mir seine Geschichte
erzählte, darauf bestand, dass ich ihm in seine
müden Augen schaue, damit ich seinen Sätzen
Glauben schenken würde. Er würde blinzeln,

wenn er lügt, so versicherte er mir. Und nun erzählte er mir seine Geschichte. Die Geschichte der Stadt ohne Bilder. „Vor einiger Zeit", so sprach er, wäre ein Mann in seine Stadt gelangt, er hätte sich verirrt, vermutlich. Dieser Mann hätte einen Apparat besessen. Ein einfacher Kasten mit einer runden Öffnung. Und ohne seine Beweggründe darzustellen, hat er auf seine Stadt geschossen. Fast lautlos. Auf sein Haus, seine Holzbank im Garten, seine Hoffassaden, die schönen grünen Fensterläden und auf den alten trägen Hund, der im Schatten der Scheune seinem beseelten Schlaf nachging. Und dann, ehe der alte Mann etwas sagen konnte, wäre er wieder verschwunden. Und seit diesem Tag wäre die Stadt eine andere, obwohl diese Stadt schon so manchen Krieg erlebt hat, tiefe Narben und Wunden ihre Struktur prägten, obwohl immer mehr Häuser verschwunden sind. Doch immer wäre die Stadt die Stadt geblieben. Ihr eitles, stolzes Wesen ließ es nie zu, dass sie sich aufgibt. Und so blieb sie in ihrem Trotz immer die gleiche alte Stadt. Doch nun sei alles anders.

„Meine Stadt hat ihre Bilder verloren", erzählt er. „Verstehen Sie, der alte Hund, er schläft noch immer vor der Scheunentüre, die Fensterläden, die Blumenkästen, alles ist noch immer existent. Riechen Sie mal, der Duft der Stadt, er hat sich nicht verändert. Dieselben

Gräser, derselbe Ruß, dasselbe morsche Holz. Auch die Geräusche sind mir geblieben. Hören Sie das Knattern der Fensterläden? Das Plätschern des Baches? Das Knistern der Äste? Alles ist wie damals. Ton, Duft und Substanz. Ich kann das Fell der alten Töle kraulen, es ist warm. Die Textur der Fassade, die Splitter im morschen Holz, die bemoosten Bretter. Alles fühlt sich an wie damals. Aber wissen Sie ... ich kann es nicht mehr sehen. Die Stadt, sie hat ihre Bilder verloren. Dieses Haus, dort ... als der Mann damals kam, stand meine Frau am Fenster. Sie hat die Blumen gegossen. Das hat sie immer gemacht. Und nun ist mit dem Bild des Fensters das Bild meiner Frau verschwunden. Er hat die Bilder meiner Umgebung herausgeschnitten. Er hat sie gestohlen, die Bilder von ihrem Wesen gelöst, wie aus einer Perforation getrennt. Er hat die Bilder gestohlen und mit ihr die Stadt. Ihre Form, ihre Farbigkeit, ihre Pigmente ausgesaugt, jegliche Struktur und Geometrie ausradiert."

Der alte Mann hat dann lange geschwiegen. „Wissen Sie ...", ergänzte er, „wenn ich wissen würde, dass ich blind wäre, dann wäre ich weniger traurig. Ich bin alt, sollten Sie wissen, alte Menschen erblinden irgendwann, aber ich bin nicht blind. Denn Sie, Sie kann ich sehen, in Ihrer ganzen Erscheinung ... und jetzt bin ich mir erst recht sicher, dass dieser Mann, der damals kam, die Bilder gestohlen hat." Ich schwieg. Seine faltigen Tränensäcke zitterten, seine Pupillen flimmerten. Aber er war zu stolz, zu weinen. Und hier hört die Geschichte auf. Wissen Sie, dieser Mann, er hat nicht geblinzelt. Seine Geschichte ist wahr. Betrachten Sie sie als die Geschichte eines traurigen Mannes oder als die Geschichte der Fotografie.

Pastell

Aufzeichnung I. Ein starrer Blick. Unbeweg-
lichkeit. Der Regen plätschert leise gegen die
großen Fenster. Die Perkussion zur Stille. Sanf-
te prasselnde Trommelschläge untermalen den
kargen Klang, der mir innewohnt. Zerrissene
Seiten, schwarze Zahlen auf vergilbtem Grund.
Obdach. Zuflucht vom Zeitraffer, ein Konti-
nuum inmitten urbaner Flüchtigkeit, Bastion
des Stillstands. Beständig und vertraut. Ein Geruch von Kupfer und Sehnsucht umgibt mich,
mein Sichtfeld matt, eingeschränkt, Atmung:
Stickstoff. Ich stehe hier umgeben von Plexi-
glas, zerkratztem Plastik auf engstem Raum.
Auf den Fenstern: Schriftzüge: subversiv, verschmiert, verzerrt, doch voller Hoffnung. Einst
mit Liebe geschrieben, vielleicht nie gelesen, als
nichtige Worte markiert, flüchtig wahrgenom-
men. Doch es waren die Worte eines Jungen,
der ehe er den Stift ansetzte, wohl sorgsam seine Wortwahl bedenkend, Tränen vergossen hat.
Tränen, die dann seicht auf die Straße perlten,
um schließlich im grellen Sonnenlicht zu ver-
dunsten, ehe er sich in das Grab der Großstadt
legte. Hier auf diesen verrußten Scheiben, in
diesem Wort erahne ich die Geschichte zweier
Liebender ... Dies waren die Worte eines Hof-
fenden, der bis zuletzt fest daran glaubte, den
wichtigsten Menschen in seinem Leben nicht

zu verlieren. Worte, adressiert an den Menschen, dem er sein Leben anvertraute. Worte, die nie gelesen wurden.

Aufzeichnung II. Nun stehe ich hier, den Hörer in der Hand haltend, das Münzgeld raschelt im Apparat, meine Hand noch immer am rostigen Schlitz, und lese diese geschmierte Zeile an den Wänden. Und sein Mädchen, das er von Herzen liebte, es geht bis heute täglich hier vorbei, vorbei an den Litfaßsäulen, den leerstehenden Geschäften und Lichtspielhäusern. Jeden Tag streifen seine Augen die verschmierten Buchstaben, die noch immer tiefschwarz leuchtend darauf warten gelesen zu werden. Seine Blicke, milchig und matt, sie wandern tagtäglich über die Straße, geblendet von zahllosen Lichtkegeln. Automobile, wie Bataillone, urbane Heerscharen, eine Grand Armee, schleichend wandelnd über trostlosem grauem Grund, ihre Scheinwerfer blendend. Stumpfe Schreie im Takt der Marschmusik. Menschenströme traben durch die Ruinen wie Krieger, Soldaten, laut und zerstörerisch, umgeben von Feinstaub und Sendemasten. Ihre Sohlen: stählerne Zahnräder, die sich in den Asphalt fräsen. In riesigen Schritten vorbei an Halogenröhren und kaltem Neonlicht. Mit strahlender Kraft werfen sich die Lichter voller Inbrunst dem Mond entgegen. Dem giftigen Mond über Metropolis.

Aufzeichnung III. Ein hauchdünner Fadenregen legt sich an jenem Junimorgen über die Stadt. Warm und betäubend. Ein Duft berauschend, fast hypnotisch. Und sie streift vorbei an den alten Fassaden, zieht an ihrer Zigarette und senkt ihren Kopf zum Boden. Der Regen im Rinnsal verläuft simultan zu ihren Schritten. In ihrer Hand ein Brief, durchnässt, verblasst. Ein Brief, von ihm geschrieben voller Enttäuschung und blinder Wut. Eine Träne, schwer wie Granit, tropft auf den Boden, gleich der stählernen Zahnräder, schmiegt sich in den tiefschwarzen Teer. Und es scheint, als würde in jedem Moment die Straße unter ihr aufreißen und sie in einem Zug verschlingen. Ihr Pulsschlag scheint für Sekunden stillzustehen. Kontrolllos lässt sie den Brief aus ihren Händen gleiten, er taumelt, gleitet zum Boden, doch kurz vor dem Kontakt erfasst ihn ein Windzug und er fliegt davon, gleitet durch die tote Stadt, vorbei an allen Lichtkegeln und Bataillonen. Für lange Sekunden schwebt er in den Lüften, tänzelnd über den Schlachtfeldern der Großstadt. Vom Wind getragen, schwerelos. Ein Tanz wie in Trance, ekstatisch und intensiv. Und sie eilt hinterher. Nach einigen Metern, langen Sekunden des Gleitflugs erreicht sie ihn. Dieser alte Brief, er haftet schließlich an den Scheiben meiner kleinen Telefonzelle. Ich sehe, wie sie ihn langsam und behutsam von den

Plastikfenstern abzieht. Ihre Augen blitzen auf und plötzlich für einen Moment scheint Metropolis zu schweigen. Die Lichter erloschen, Autos lautlos schwebend über terrestrische Felder, die Straßenbahnen, elektrische Marschtruppen, ihre Gesänge verstummen. Der Stickstoffnebel, die Stadt umhüllend, eine Symbiose mit aus Gummideckeln ächzendem Dampf löst sich auf. Die Luft wird klar, Lärm erlischt. Stille. Inmitten eines urbanen Paradieses, auf den schmutzigen Scheiben meiner pastellgelben Idylle liest sie erstmals dieses Wort, geschrieben von ihm, vor über einundzwanzig Jahren, in tiefschwarzen Majuskeln, mit zitternden Händen verfasst, verzerrt und verschwommen. Nur ein Wort: Verzeihung.

Das Fenster

Vor einigen Jahren, da hat er ihr erzählt, dass er in einem Café seinen Schal vergessen habe. Danach sei er nie wieder aufgetaucht. Ob ein anderer Gast ihn mitgenommen habe oder ob er einfach spurlos verschwunden sei, das wüsste er nicht. Irgendwann hat er sich damit abgefunden und sich einen neuen Schal gekauft. Und dann, einige Zeit später, da fand er den alten Schal auf der Kommode. Er lag die ganze Zeit dort.

Gestern hat sie ihm erzählt, dass sie ihr Vertrauen verloren habe. Es sei einfach fort. Nach all den Jahren verschwunden.

„Dein Vertrauen? So weit kann es nicht sein. Hast du das Fenster aufgelassen? Vielleicht ist es hinausgeflattert? Wir werden es bestimmt bald finden."

Und dann hat er gesagt, dass es nicht so schlimm sei. Er erinnerte sie an die Geschichte mit dem Schal und daran, dass er nach all den Jahren einfach plötzlich wieder dort gewesen sei. Auch ein paar Handschuhe habe er verloren. Irgendwo. Die Handschuhe sind schon lange fort.

„Vielleicht hat dein Vertrauen sie mitgenommen, vielleicht war ihm kalt. Und jetzt sitzt es dort draußen. Irgendwo. Und sucht Schutz."

Man verliert die Dinge. Einfach so. Wie einen Regenschirm oder einen Hut. Plötzlich sind sie fort und man sucht und sucht. Und irgendwann nach vielen Jahren, wenn man den Verlust hingenommen hat, dann findet man die Dinge wieder. Einfach so. In einer Schublade.

Und dann hat er ihr Vertrauen gesucht, in der ganzen Wohnung, hat alle Schränke geöffnet, im Speicher geschaut und alle Kisten durchwühlt. Aber da war nichts.

„Bestimmt ist es hinausgeflattert. Aus dem offenen Fenster. Du hast vergessen, es zu schließen. Das vergisst du öfter in letzter Zeit. Lass uns doch mal draußen schauen. Vor einiger Zeit, ich war damals noch ein Kind, da ist mein Wellensittich aus dem offenen Käfig geflattert, durchs Fenster, und dann haben wir tagelang gehofft, dass er wiederkommen würde. Und tatsächlich, nach einigen Wochen da saß er wieder auf dem Fenstersims."

Am nächsten Morgen suchten sie draußen. Sie sind die ganze Allee entlanggeschlichen, haben gerufen und Handzettel verteilt. In den Briefkästen. Vereinzelt haben sie Plakate auf Litfaßsäulen geklebt.

Und dann haben sie die Leute auf den Straßen gefragt.

„Entschuldigen Sie, haben Sie das Vertrauen gefunden?"

„Wie sah es denn aus?"

„Nun, das ist schwer ... Das Vertrauen, es wirkt irgendwie ganz unscheinbar, recht unaufdringlich, es ist einfach da, in einer gewissen Form von Selbstverständlichkeit. Es klingt ein wenig wie diese Spieluhren. Kennen Sie die? Die mit dem schönen Rädchen zum Aufziehen." Und dann summte er ihnen die Melodie vor, die Melodie seiner alten Spieluhr. „Ach ja", sagte er, „ich schätze, dass es Handschuhe trägt. Graue Handschuhe. Haben Sie es gesehen?"

„Nein. Es tut mir sehr leid."

Sie suchten dann noch einige Tage nach dem Vertrauen. Aber es schien spurlos verschwunden zu sein. Einfach so.

Und dann, einige Zeit später, saß er morgens am Frühstückstisch und blickte mit seinem morgendlichen müden Blick auf den Teller voller Brotkrumen und Kalkschalen. Und dann sah sie ihn an und flüsterte ihm zu, dass sie ihre Liebe verloren habe.

Er erwiderte, dass sie wohl langsam vergesslich werde. „Noch vor einigen Tagen haben wir dein Vertrauen gesucht, und jetzt verlierst du deine Liebe. Du wirst alt." Er gab ihr einen Kuss auf die Stirn und sagte, dass er sie wohl bald finden werde. Sie würde bestimmt in der Schlafzimmerkommode liegen, in der rechten Schublade.

„Wie sieht sie denn aus?"

„Ich weiß es nicht. Aber sie sah mal so aus wie du."

Er blickte in den Spiegel im Flur. Es war noch früh am Morgen. Der Abdruck des Schlafkissens zierte seine rechte Wange, sein Blick war träge und irgendwie erschien ihm die Stirn ein wenig faltiger als sonst.

„Nun, bist du sicher, dass sie mir ähnlich sieht?"

Sie fing an zu zittern.

„Vor einigen Monaten, da wusste ich doch, was passiert war. Es war dieser Duft, der dir anhaftete. Der Geruch von fremdem Schweiß und Parfum, von Scham und Zweifel. Du kamst abends durch die Tür und ich wusste, was passiert ist. Und du hast nichts gesagt. Kein Wort. Du hast dich zu mir gelegt unter die Decke, hast dich an mich geschmiegt und mich an deinen Körper gepresst. Fester als sonst. Bestimmter. Bewusster. Du hast mir gesagt, dass du mich brauchst. Also bin ich geblieben. Aber ich fing langsam an, meine Augen zu schließen. Von Tag zu Tag. Immer den Bruchteil einer Sekunde mehr. Wenn du mich angesehen hast und mich an dich gepresst hast, mit deinen zitternden Händen. Und irgendwann blieben sie geschlossen, die Augen. Und immer wenn dann morgens früh die Tür hinter dir ins Schloss fiel, wusste ich, wie du abends riechen würdest.

Nach Scham und nach Zweifel. Aber ich bin geblieben."

„Warum bist du geblieben?"

„Vermutlich, weil ich mir früher auch einen Menschen gewünscht hätte, der geblieben wäre. Einfach so. Und weil ich wusste, dass du mich brauchst. Sieh doch, die Menschen, sie kommen und gehen. Tagein und tagaus. Ich weiß, dass du im Grunde deines Herzens immer bei mir bleiben wolltest."

Und dann wurde ihm irgendwie klar, dass er ihr Vertrauen und ihre Liebe wohl nicht in der alten Schublade finden würde.

„Es ist schon seltsam", sagte er. „Mein ganzes Leben habe ich eigentlich nie so richtig für etwas kämpfen müssen. In einer gewissen Form der Selbstverständlichkeit haben sich immer alle Dinge recht passabel zusammengefügt. Ich habe mich nie mit dem Begriff „Verlust" auseinandergesetzt. Nun, immer wenn ich diese Türe aufgeschlossen habe, dann wusste ich, dass du im Wohnzimmer sitzen und dort auf mich warten würdest. Mein ganzes Leben war bisweilen immer von einer subtilen Leichtigkeit geprägt, die jeglichen Zweifel gar nicht erst entstehen ließ. Eine Leichtigkeit, die nie forderte, mich mit mir selbst auseinanderzusetzen, die mir jeglichen Zweifel erst gar nicht ermöglichte. Das Glück, es macht wohl etwas träge.

Und dann hat sie gesagt, dass ihr Vertrauen wohl nicht mehr wiederkäme. Auch die Liebe bliebe wohl fort. Das hat sie gesagt.

Er hat dann seinen Teller ein Stück zur Seite gerückt, ist daraufhin zum Fenster gegangen und hat es geschlossen. Auf der Fensterbank stehen zwei Primeln, darunter liegen zwei Handschuhe über dem Heizkörper.

Man verliert die Dinge. Einfach so.

Herzkranzgefäße

Man sagt, sie hätte es am Herzen. Ein zäher Schmerz in der linken Brust. Ein Stechen, schwach aber konstant. Eine simulierte Krankheit, vermutet man. Eine Form der Hypochondrie. Eine wirkliche Empfindung? Kaum denkbar. Kein Befund. Nur Symptom.

Man sagt, sie hätte es am Herzen. Das sagt man. Man spürt es, irgendwie.

Jeden Tag ist sie hier. An diesem Ort des Wartens. Ein quadratischer Raum. Symmetrische Stuhlkonstellationen. Cremefarbene Wände. An jeder Seite ein Bilderrahmen. Kindliche Buntstiftzeichnungen. Dazwischen ein weiterer Rahmen, verdeckt vom Kopf eines großgewachsenen Mannes.

Eine junge Frau, Mitte dreißig, sonderbar reizend und mild wirkt sie. Sie sitzt hier auf den Plastikstühlen, mal vorne links, mal am Fenster, mal direkt an der Tür. Man duldet sie hier. Auch ohne Termin. Vermutlich, weil sie sehr hübsch ist ... und ruhig. Sie liest dann und wann in den Zeitschriften, deren bunte Fronten von blauer Pappe verdeckt werden. Aber meist sitzt sie einfach nur dort, mit einem zaudernden argwöhnischen Lächeln und spricht mit den Menschen. Und trotz ihrer bangen Befangenheit strahlt sie so was aus wie Selbstgenügsamkeit.

Über der Tür hängt ein kreisrundes Ziffernblatt. Der zaghafte Zeiger tickt in gewohnter Gleichmäßigkeit. Kein Zögern. Zeit zögert nicht.

Ein alter Herr, dessen Herz vermutlich nicht mehr lange schlagen wird, er kommt auch sehr oft hierher und sitzt ab und zu neben der jungen Dame. Man unterhält sich über Familie, über Glück, über Schmerz und über Kardiologie. Der alte Herr hat sehr viele Bücher über Kardiologie gelesen. „Das macht man, wenn man alt wird", sagt er. Die junge Dame fragt, ob ihn das früher auch schon interessiert hätte: Die Lehre vom Herzen? „die Lehre vom Herzen?" „Nein", sagt er. Früher hatte er keine Zeit dafür, da interessierte ihn jahrelang nur das Vergessen. Die Lehre vom Entschwinden. Für die Lehre des Herzens sei kein Raum dagewesen. Aber jetzt ist der Raum da. Denn jetzt wartet man auf den Tod. Da kann man sich mit Kardiologie beschäftigen, beim Warten.

Irgendwann fragte er die junge Frau, worauf *sie* denn warte? Und sie antwortete: „Auf mich. Ich warte auf mich. Mir fehlt die Fähigkeit das Warten anzunehmen. Sehen Sie, ich warte schon, seit ich ein kleines Kind bin. Ich warte auf Sprache, auf Koordination, auf Ruhe, auf Lärm, auf Regen, auf Licht, auf die Nacht, auf Farbe, auf Antwort, auf Grün, auf das Glück, auf den Regen, auf die Post, auf die Liebe, auf den Zug. Und wenn der Zug dann da ist und ich darin sitze, warte ich schon auf die Ankunft. Und wenn die Sprache da ist, warte ich auf die Stille. Sehen Sie, wenn ich doch schon warte, dann möchte ich dies an einem Ort tun, an dem ich es bewusst machen kann. Erwarten Sie das nicht von mir? Erwarten Sie nicht, dass ich warte? Hier, in diesem Zimmer.

Sie warten auf ein Rezept, eine Untersuchung, auf den Tod … und ich, ich warte auf mich."

Da sagte der Mann, dass er das gut verstehen könne. Und dann ging er fort.

Der Blick der jungen Dame wanderte zu einem Bild: „Die Topographie des menschlichen Herzens".

Sie riss ein Blatt aus ihrem Kalender und begann die Arterien abzuzeichnen. Ein kranzförmiges sehniges Geflecht von Koronargefäßen. Plötzlich, einige Minuten später kam der alte Herr zurück, sah vorsichtig auf die Zeichnung und fragte: „Warum malen Sie denn keine Blätter? Sehen Sie mal, diese knochigen kahlen Äste. Da fehlen doch die Blätter." Da sagte sie, sie möge den Winter.

Der Fortgang der Symmetrie

Schienenrattern. Draußen der Wald. Wimmernde Wipfel. Wankend, schwankend in frühen Luftstromwellenlinien. Ratternde Räder gleiten auf zeitgleichen leisen Gleisen.

Wenn sich ein Regentropfen auf das Kabel legt, dann hörst du dieses Surren. Oberleitungen. Parallel zu den Gleisen. Im Hintergrund riesige Strommasten. Strommasten, deren Kabel die Städte verbinden, so, als würden sie sonst verschwinden. Die Städte. Wenn man sie nicht festhält. Eine wundervolle Symmetrie. Eine geometrische Anordnung. Und dann sehe ich dich an, dich, der da vor mir sitzt. Du, und ich stelle mir vor, wie du den Strommast nimmst und ihn wegträgst. Einfach wegträgst auf deinem Rücken. Nur um mich zu ärgern. Wie du ihn nimmst, auf deinen Rücken stemmst. Du, du kleine Person .. und ihn einfach wegträgst. Und dann kämest du wieder, mit diesem schelmischen Ausdruck im Gesicht und ich wäre dir böse. So ganz kurz. Du trägst ihn einfach weg. Ich weiß, du würdest das tun. Du magst es, meine Bilder zu radieren. Diese kleinen feinen Details, da würdest du dir die Mühe machen. Und wenn ich ein Bild male von tausenden linearen Kopfsteinpflasterfugen, dann würdest du dich hinstellen und heimlich einen Stein verändern, so etwas schräg anordnen. Dafür würdest du

Tag und Nacht opfern. Nur für ein paar kleine Pinselstriche. Und du weißt gar nicht, ob ich es merken würde. Aber irgendwie weißt du es ja doch. Und du weißt auch, dass ich dann sofort weiß, dass du das warst. Und du würdest dich freuen, weil ich mich ärgere und schimpfe. So ganz kurz. Und du würdest zaghaft läuern und dir ins Fäustchen lachen. Weißt du noch, wie wir Wörter gesammelt haben? Mit unserem Tonbandgerät durch die Straßen liefen und dann Geschichten geschrieben haben aus diesen Wörtern. Bordsteintexturen. Diese Geschichte. Unsere Geschichte. Weißt du noch?

Und dann warst du irgendwann weg. Und dann war plötzlich Frühling und Sommer. Und kein Regen mehr, kein Geräusch. Nur noch Sommer. Und irgendwie war wieder alles Symmetrie, alles war geordnet. Meine Wäscheklammern waren farbig sortiert, und diese Wattestäbchen. Die Gießkannen waren wieder alle grün. Alle waren wieder grün. Gießkannen sind grün. Und du warst fort. Und ich weiß nicht, wie die Gießkannen bei dir aussahen. Aber die Strommasten sahen bestimmt anders aus. Aber trotzdem halten sie dieselben Kabel fest. Da war eigentlich nie Distanz. Kein Abschied. Es gibt keine Distanz mehr. Keinen Fortgang von Menschen. Alles ist verbunden mit Gleisen und Masten. Aber ich habe sie herbeigesehnt, diese Distanz. Um Ordnung zu schaffen, in mein Leben. Und dann hab ich dir nicht mehr geschrieben. Ich hab den Hörer nicht mehr in die Hand genommen. Und plötzlich waren alle Farben wieder sortiert. Alle Bücher im Regal nach Größe geordnet, alle Leinwände hingen geometrisch an der Wand und alle Fugen waren wieder linear. Und du, du warst fort, plötzlich fort. Du und dein Radierer.

Aber irgendwann kam wieder Post von dir. Denn da gab es die kleine pastellgelbe Telefonzelle in dem Blechdöschen, die ich dir mitgegeben habe. Einfach, um zu sagen: Ich bin da. Mehr nicht. Dann erreichte mich dieser Brief und die Geschichte von Herrn G., der unter seinen Fingernägeln Farbe hatte, weil er alle Gießkannen in seinem Geschäft wieder grün angemalt hat. Und dann sah ich die Fotos mit der kleinen Telefonzelle mitten in der Prärie. Und ich wusste, es gibt keine Distanz. Nicht zwischen uns. Aber ich habe sie doch gebraucht. „Der Fortgang der Symmetrie", so könntest du dein Buch nennen. Aber ich brauchte doch mal Ordnung. Konstanz.

Immer dieselben Zeilen in den Kopfhörern. Die Konzertkarte, die du mir geschickt hast. Der Mann mit der Gitarre. Aber mein Platz im Publikum blieb leer. Und diese Karte hängt jetzt jungfräulich an der Wand. Schief.

Und immer wieder fuhr ich auf diesen Schienen von Stadt zu Stadt. Schienenrattern. Draußen der Wald. Wimmernde Wipfel. Wankend, schwankend in frühen Luftstromwellenlinien. Ratternde Räder gleiten auf zeitgleichen leisen Gleisen.

Und alles war gut, eigentlich. Eigentlich. Aber irgendwann kam der Tag, an dem du einfach wieder da warst. Geläuert hast du wieder, hinter der Laterne. Und ich wusste genau, jeden Moment würdest du deinen Radiergummi auspacken oder irgendwelche Strommasten forttragen, nur damit ich schimpfe. So ganz kurz. Und auf einmal lagst du wieder da in meinen Armen und ich wollte dich nie wiederloslassen. Einfach nur festhalten, so als würdest du sonst verschwinden.

Jetzt sitze ich in diesem Zug, und da ist dieser Tropfen an der Scheibe. Die meisten Tropfen prasseln einfach ab, formieren sich zu Regenbildern oder werden vom Wind mitgerissen. Aber dieser, dieser ist konstant. Und dieser Tropfen zittert. Scheint sich mit letzter Kraft zu wehren. Haftet an der Scheibe, mitten im Fahrtwind. Sieh mal, wie er zittert. Du brauchst doch nicht zittern.

Lass doch einfach los. Oder halt dich fest.

Wellblechblüten

Da war dieser Junge. Er saß dort an seinem Platz an der Haltestelle. Hier saß er oft. Wenn es regnete, dann setzte er sich auf die Bank, streckte seine Beine aus und badete seine Füße im Regen. Sein Kopf blieb trocken. Hier war er sicher. Er mochte es nicht nass zu werden, aber seine Füße ... die liebten es. Und so setzte er sich hier unter das Dach. Die Schuhe zog er aus, und dann ließ er den kühlen Regen langsam durch seine Zehenspitzen rinnen.

Ja, hier fühlte er sich wohl. Die Haltestelle der Linie 27. Ein karger Ort. Nur der Fahrplan hing dort unter dem beschmierten Plastik. Ein Mülleimer. Eine Bank. Mehr nicht. Und dieses Dach. Dieses kleine Dach über ihm.

Einmal als er noch klein war, in einer lauwarmen Sommernacht kletterte er von der Laterne aus auf die Haltestelle, setzte sich auf das warme Wellblech, badete in der gleißenden Sonne und ließ seine Füße vom Dach hinunterbaumeln. „Das muss bestimmt lustig aussehen, wenn man auf der Bank säße und nur diese beiden Beine vom Dach hinunterbaumeln sehen würde", dachte er sich. „Wie Regenrinnen." Er wollte es zu gern sehen. Aber das ging ja nicht. Wenn er auf der Bank säße, wessen Füße sollten dort zu sehen sein?

Dann und wann, wenn er auf dem Dach saß, legte er sich auf den Bauch und beobachte die Menschen von oben. Von unten konnte man ihn kaum sehen. Nur sein Kopf ragte ein klitzekleines Stück über den Rand hervor. Von oben sehen viele Menschen gleich aus. Besonders dann, wenn es regnete und die Menschen sich unter ihren farbfrohen Regenschirmen versteckten.

Aber einen Anblick liebte er besonders: Diese transparente Kopfbedeckung, die alte Damen tragen, um sich vor Nässe zu schützen. Regenhauben.

Und von hier oben sah er ja nur die Köpfe. Und unter den Regenhauben konnte er das dichte graue Haar erkennen. Diese graumelierten Dauerwellen schlummerten unter der durchsichtigen Folie. Von hier oben sahen diese alten Damen aus wie Heißluftballons. Und bei jedem Windstoß gerieten sie in Gefahr davonzufliegen. Er liebte diese Vorstellung. Ein Wolkenhimmel voller alter Damen, ein phantastisches Bild. Wie kleine Engel schweben sie durch die Lüfte und gelangen so zum Himmel. Heißluftballons. Verrückt. Die Herren müssen Hüte tragen, um fliegen zu können. Das tun sie ja meistens auch. Aber sie müssen aufpassen, dass die Hüte nicht ohne sie wegfliegen. Ohne Hutschnur läuft man wohl schnell Gefahr, dass man nicht in den Himmel gelangt.

„Wenn es regnet, fühlt man sich nicht so alleine, wenn man weint. Angenommen, man sei eine Nacktschnecke. Ob sie wohl den Regen von den Tränen unterscheiden kann? Fühlen sich Tränen anders an? Gut, sie schmecken salzig, aber nur vom Aussehen? Das wird schwierig. Also hat die Nacktschnecke kein Empfinden für menschliche Traurigkeit? Und Glückstränen? Schmecken die anders?" Fragen über Fragen schossen ihm durch den Kopf, während er hier auf dem Dach saß.

Unter dem Dach der Haltestelle schützen sich die Menschen vor Wind und Regen. Warum? Hier auf dem Dach ist es doch großartig. Der Wind ist viel intensiver. Der Regen ist sogar ein wenig kühler hier oben. Und die kleinen Pfützen sehen von hier noch viel schöner aus.

Alle dreißig Minuten kam ein Bus vorgefahren. Manche Menschen stiegen aus, manche stiegen ein. Oft saßen dieselben Personen im Bus. Durch die Scheibe konnte er das Profil der Köpfe zuordnen. Oft saßen die Menschen dann sogar am selben Platz. Schon seltsam, an einem Ort der Ortlosigkeit noch so etwas wie Gewohnheit zu suchen. Im Zustand der Bewegung, so etwas wie Konstanz zu bewahren oder Vertrautheit. Der Bus fuhr jeden Tag hier entlang. Er hielt jeden Tag vierundzwanzig Mal dort. Von sieben bis neunzehn Uhr, jede halbe Stunde. Einmal saß der Junge eine ganze Woche lang jeden Tag dort und hat sorgfältige Beobachtungen durchgeführt. Pro Tag stiegen im Durchschnitt zweiunddreißig Menschen in den Bus ein und einunddreißig stiegen aus. Da die Menschen von oben manchmal gleich aussahen, konnte er nicht genau sagen, wer es im Einzelnen war. Es hieß also, dass ein Mensch am Tag verschwindet. Vermisst die denn keiner?

Sie müssen doch irgendwo ausgestiegen sein? Was suchen die Menschen denn, was sie zuhause nicht finden?

Sechsundsiebzig Jahre später. Ein alter Mann sitzt auf dem Dach der Haltestelle, lässt seine Füße vom Dach baumeln. Er war lange fort. Doch heute ist er wieder hier. Seine Heimat. Das kleine Dorf am Stadtrand. Seine Haltestelle. Er erinnert sich noch detailgenau, wie er als kleiner Junge hier saß und die Menschen beobachtet hat. Er erinnert sich an den Bus, an den Regen und an die Menschen. Einen Bus gibt es heute nicht mehr hier. Zu viele Menschen haben diesen Ort verlassen, so dass ein Bus irgendwann nicht mehr benötigt wurde. Aber die Haltestelle, die gibt es noch. Und heute sitzt er hier. Er erinnert sich genau an den Zeitpunkt, an dem er feststellte, dass ein Mensch pro Tag verschwand. Und er wusste noch, wie er sich die Frage stellte, ob die denn niemand vermisst?

Er lächelt. Er weiß genau, dass er selber nun auch irgendwann einer dieser Menschen war, die irgendwann verschwunden sind, die in den Bus eingestiegen sind und nie mehr wiederkamen.

Er weiß genau, dass es Menschen gab, die ihn vermisst haben und die er vermisst hat. Man kann sich in der Ortlosigkeit eine Form von Vertrautheit aufbauen. Man kann die große weite Welt zu seiner kleinen Heimat machen. Aber er weiß auch, dass er sich an keinem Ort der Welt jemals glücklicher gefühlt hat als hier auf dem Dach der Haltestelle. Er nahm ein Stück Kreide und schrieb ein Wort auf das Dach. „Wellblechblüten". Dann band er seine Hutschnur zu, holte tief Luft, wartete auf den Wind und flog davon.

Lyrik

Nuancen

Verklebte alte Hände

Die feinen blonden Härchen auf den Fingern
aufgestellt, leicht kursiv, rechtsbündig
in den kleinen Poren fest verwurzelt
Ein subtiles Dasein
nur Nuancen von Sichtbarkeit

Lange dürre Fingerspitzen
streichen die Tasten
Diese alten liebenden Hände
erschaffen Welten
erzählen Geschichten
Kreationen von Klangwelten
Jeder Ton: Poem
Dynamik, schwungvoll
so farbenfroh, facettenreich

Diese verklebten alten Hände

Und Ihr Herz schlägt
zu seinem Takt
Noten, die wie Rauch aufsteigen
in flimmernder Zaghaftigkeit
wie der Dunst der Zigarette

Dort, die Dame mit Hut an der Bar
Die Welt schwimmt im Cognacglas
Ohren spitzend
hört sie seinen Geschichten zu
Jeder Ton suggeriert ihr
sein geduldiges Wesen
Die absolute Hingabe
die Lücken zwischen den Tönen
das Verstummen eines angeschlagenen Klanges
für sie wie ein Luftholen, ein Atemzug

Und sie lauscht vertraut
der Sprache seiner
alten, liebenden Hände
fühlt diese Nuancen von
Vertrauen

Hyazinthen und Zinnsoldaten

Reste
einer Hyazinthe
in so etwas wie trockener Erde

Diesmal
ist es wohl eher
eine Form
des Abschieds

[der Zinnsoldat bleibt unerwähnt]

Septemberabend

Nichts ist vergleichbar
nichts kann diesen Moment beschreiben

Ich liege nur dort
horizontale Lage, Kopf im Gras
alle Glieder von mir gestreckt
Blick gen Himmel
gräulich-schwarz, windstill

Septemberabend
dem Rauschen lauschend

Strommasten
sie summen ihr Lied
ihre Arme weit von sich gestreckt
Vertikale Lage, den Kopf in die Höhe ragend
hunderte ihresgleichen, fest verankert im Gras
und ich liege nur dort

Ohne Worte, Taubenschwärme
sie fliegen vorbei
ihre Flügel weit von sich gesteckt
vereinzelt landen sie auf den
                              Hochspannungsleitungen
sie ahnen ja nicht …

Auf seltsame Weise fasziniert es mich
weniger die Tauben als diese Riesen
ihre Arme weit von sich gestreckt
dieses Lied, so monoton, so leicht, so
                              unbekümmert
und ich liege dort

Der Mond nicht sichtbar, versteckt hinter den
                              Wäldern
die Sterne schwach, viel zu schwach

Dieser Moment, ich nenne ihn
Mondnachtsstrommastohnmacht

Er beängstigt mich
verführt mich
stößt mich ab
nimmt mich ein

Feldweg

Windräderkreise
Perfektion von Gleichzeitigkeit
die Kornfelder schweigen

ein sanftes widerstandloses Gleiten
stumpfe Messer
beruhigende Langsamkeit, leitend
dem Takte entfliehend, nicht
zeigergleich wie Sekunden-
schlag

Weicher Schnitt in bleigraue Luft
in absoluter Selbstverständlichkeit, rastlos
kein Rattern, kein Surren …
absolute Geräuschlosigkeit
puls- und lautlos
durch bleigraues Nichts

Und dort der schmale Feldweg,
eine Linie, die sich im Dunkel verliert
schwingende Äste im Wind
ein Junge auf dem Wipfel, Traumreiter
zwei Schritte zum Mond aus Glas

Und die Rotoren rauschen vorbei
erschaffen den Luftstrom, kitzelnd
an Ohrmuscheln
durch bleigraue Luft

Das Windrad, stolz und aufrecht
steht im Felde, haucht mit kratziger Stimme
säuselt ein Lied ohne Noten
so leise, dass niemand es merkt

außer ihm
dem mondjungen Wipfelstürmer
in bleigrauer Luft
der die Stille
noch hören kann

Staub

An den alten Wänden haftet
im sonnenglitzern' Licht
strahlend, eine plattgedrückte
Motte, ein Pianist
spielt auf ihrem Flügel

Der Putz bröckelt bei
härterem Anschlag
der Tasten
und der Kaffeefilter
ist voller Tapetenstaub

Es scheint nicht
bedeutsam

Salz und Rauch

Cabernet, trocken
langsam perlt am Kelch
des Glases ein Substantiv
und plumpst ganz tief
hinein ins Purpurfarbene

Du schwenkst das Glas, schenkst mir ein
schaust ins Glas, schaust zur Decke
und unsere Blicke sind müde

„Siehst du den Stuck, die Ornamente, wunderschön"

Ein Lidschlag
und Salz tropft ins Gefäß
eine menschliche Träne wiegt ca. 15 Milligramm
dein Lippenstift am Schliff verschmiert
und Blicke wandern wieder fort

Schließe die Augen, inhaliere
das Bouquet, rauchig, würzig
doch schon spät
du gucktest tief ins Glas
als ich das
obsolet-
e Substantiv vergaß

Fadenregen

Unter ihnen die Stadt, tiefschwarz
Silhouetten einer fremden Welt
aus den Schloten der Fabrikhallen
bohren sich die Rauchschwaden
in den Abendhimmel

Spiralen, die in die Wolken gleiten
so qualvoll und doch behutsam
die sich schmiegen, blutig, sanft versinken
in weißen Leinen und doch
keine Spuren hinterlassen

Fadenregen

Hier, auf dem Hügel
sitzen zwei Menschen
blicken herab
auf die Konturen der Stadt

Die alte Öllampe zittert
ein schwaches Feuer
flackernd, lodernd
zu wenig zum Sehen
genug zum Träumen

Die seidenen Fäden
des Regens legen sich auf ihr Haupt
legen sich auf die alte Öllampe
seicht und behutsam
hier in der Pfütze
vor ihren Füßen
spiegelt sich das Feuer

Zwei Menschen
so fremd und vertraut
schauen auf die Stadt

… und schweigen behutsam

Herbstweh

Herbstblattknistern
kahle Äste, die wie Skulpturen
aufragen, Skelette bloß im kalten Wind sind
klar strukturierte Konturen
und du hörst ...

Ein Rascheln unter den Sohlen, wie Pergament
mit einem Hauch zerbrochen
wie Porzellanblüten
ein Klirren

Dann ... klingendes
Klackern und Klappern
der Kastanien
kastagnetten-
gleich

Ein Windzug streift
den Pfad, durch die Lüfte
wirbeln die rotbraungelben Blätter
über die Wipfel der knochigen Bäume

In den Wolken, die Farbe laviert
verläuft, verwischt, verschmiert wie Aquarell
und die Klänge zerfließen wie Träume
die Leinwand zu Staube zerfallen

Und du hast Herbstweh nach Einst
Herbstweh nach Irgendwo
Blätterknistern, Bruchstück II

Jedes einzelne Blatt
findet seinen Weg zurück
auf den Waldesweg und
deine Füße streifen behutsam wie Haarspitzen
Über den Boden
führen jedes einzelne Blatt
mit aller Sorgfalt, filigranster Pinselführung
am Wegesrand zusammen

Du siehst den Herbst
Und du riechst die Kompositionen
Nuancen aller Farben
auf den Blättern
flirrender Lichtstahl
ein Lied, allegro, violett koloriert
Violine, du spürst die schwingenden Saiten
der Wind beschreibt die Blätter wie Seiten
Opus IV

Und du lässt dich fallen
zerfließt in knisternder Watte
und hast Herbstsucht nach Bald
Herbstsucht nach Jetzt

Schneeflockenflackern
Blick aus dem Fenster
in der Nacht wurden aus Dezemberregenfäden
Schneeflockenkringel, leise flüsternd, fliegend,
flackernd

Kratzer im Schmalspurfilm
und in der Tonspur tapsen kleine Füße
vergraben im Tiefschneepulver
Füße, die schreiten wollen, die schreiten wollen
die die Fußstapfen-
Tonspuren nicht füllen können

Der Film flackert
die flüsternden Flocken zu greifen
das Ziel der kleinen haschenden Hände, die zuckende Bewegung
und Hände, die greifen wollen, die greifen wollen

Handschuhe, die unbeweglich sind, Starre
das Flüstern des Super-8-Films, der
flackert wie die Augen des Kindes, die aufblitzen
Eiskristalle am Boden
Reflektion der Sonnen-
augen-
blitze

Kratzer im Bild
die nur Schneewehen sind
Frostfigurengebilde im See, die Risse im Eis
entschärfende Verspieltheit
entwaffnende Leichtigkeit
ein Augenflackern
Lichterflimmern, Flockenflüstern
und Flügel, die fliegen wollen
flatternd, flackernd

Schneewehen, Fellmützen, die kalten kleinen
Ohren
Ohren die horchen wollen, die horchen wollen
das Verschwinden der Fußstapfen und Eis-
engel, im Schneeflockenflackern
das Verschwinden von Kindheit
Risse im Frost und im 8mm Filmband

Knistern im Ofen, flackernde alte Augen
die aufblitzen, Tränen
die tropfen vor Glück
Erinnerung an Kindheit
und Schneeflockenflackern

Und draußen tapsen die kleinen Füße
in künftigen Tonspuren

Scherben und Orchideen

Zerbrochenes Glas
ein Meer von
Scherben
kaum sagbar zart
Kupferdrahtkabel
sehnige Geflechte, ranken durch die
zerschlagenen Fensterscheiben
wie Efeu schlängelnd, fast sorgevoll schützend
wirkend
im Schatten der Schlote
kein Mensch an diesem Ort
seit Jahren
die Maschinen duften noch immer

Nicht weit von hier, auf der anderen Seite
der Brücke
im Erdgeschoß
des Wohnhauses inmitten
modernem Mobiliar
in minimalistischer Anordnung
auf nussbraun glänzendem Parkettboden
steht auf dem Glastisch
in einem ovalen Gefäß
eine perlweiße Orchidee
und verkörpert
in ihrer Existenz doch viel mehr Morbides
als jene staubigen Scherben
weil sie nicht mehr ist als bloß ein zaghafter
                                    Farbtupfer

Ein Widerspruch
gestorben für eine seltsame Dimension
von Ästhetik
und sie sublimiert
die Scherben
am Boden der alten Fabrikhalle
durch ihr bloßes Bestehen
zu Rosenblättern

Polaroid

Am Ufer liegt ein alter Stein
bedeckt von feuchtem, weichem Moos
direkt hinter dem Wald, allein
sitz ich auf dieses Steines Schoß

Durch Geäst und Zweige rauscht
ein Windstoßhauch der Nacht
dem Mondklang meiner Geige lauscht
der Bach, vom Traum erwacht

Weicher Mondklang. Am Quell des Baches, sitzend auf dem alten Stein, Bruchstücke eines Menschen. Die Sehnsucht, Grund der Zersplitterung. Reflektion. Mein Spiegelbild ein trüber stummer Abglanz im Wasser, ein Polaroid ohne Licht, ohne Luft. Unscharf. Farblos. Verschwommen, taumelt leblos im Bache, zieht dann, begleitet von nächtlichen Schattierungen, in Richtung Irgendwo. Noch treibt es ruhig, doch dort, wo die Wälder enden, die Ufer sich breiten, wird aus dem Bach ein Fluss und mein Bild immer verzerrter. Bewegung. Meine Hände noch immer im Wasser. Verfolge mein Bild im Traum. Vogelperspektive. Mein Bild plätschert dahin, vorbei durch weite Täler und nach einigen Stunden zieht es vorbei unter einer Brücke. Ein Junge winkt ihm zu, lächelnd, und wirft einen Stein nach ihm ... verfehlt. Konturen erhalten.

Nach vielen Stunden, weiten Strecken, hunderten Kilometern, wieder Mondklang. Dort, wo der Fluss, seine Schlangenform verliert und sich in die Weiten des Ozeans schmiegt, hier an der Mündung, auf einem alten Stein, sitzt du. Deine Hände im Wasser, mein Bild gleitet in deine Arme, wird klarer, wird zu Kaleidoskopischem. Ein Farbspiel. Umrisse verschärfen sich. An beiden Enden des Flusses, von weiten Meilen getrennt, verbunden nur durch kaltes Wasser, spüren nun zwei Menschen ihre Berührungen, hören ihre stummen Stimmen und verlieren ihr Gefühl für Distanz.

Kargheit

Nur ein Gemälde
in den großen weitläufigen
Galerien

Ein einziger Bruch
in diesen kahlen weißen Wänden
die so verloren wirken
kaum schutzbietend
für dieses Bild
das in seiner bloßen Präsenz
schon störend wirkt
weil es die Allegorie der weißen Wände
durch sein Farbspiel
Kaum durchführen kann

Jeder Pinselstrich
gefährdet
das Bestehen
jeglicher sterilen
Metapher
deren Schicksal es ist
dass sie durch ihr reines
Bestehen
verloren wirkt
inmitten solcher
Kargheit

Obscura I

Bilder einer realen Unwirklichkeit
eine Galerie, der Boden –
weißer, glänzender Marmor –
ein weitläufiger verzerrter Raum
weiches Licht, Fixpunkte am Boden
Zirkulierende Reflexionen der Wandstrahler

Wir folgen den Abbildern
langsamen Schrittes
streifen durch die Galerie
vorbei an Installationen, Bild und Klang
groteske Klänge, Sequenzen eines Geigenspiels
Züge von Obskurem
auf der Leinwand, projiziert auf 8 mm
begleitend vom Rauschen des Tonbandes
schwarze Flecken, flackernde Linien
eine Komposition von Bildfragmenten
und dort betrachten wir:

weißen, glänzenden Marmor
ein weitläufiger verzerrter Raum

Eine Galerie, weiches Licht
die Bilder verfließen
wir treten ein,
in einen weiteren Raum

Geometrische Strukturen
klare Konstruktionen
nur ein einziges Bild
ein Gemälde scheinbar, nur schwaches Licht
und behutsam
treten wir näher und
sehen im Rahmen, ganz blass
und trüb, unser Spiegelbild

Denn die Kunst sind wir
und Bilder nur Spiegel unserer Vorstellung
von Wirklichkeit

Obscura II

In zeitverzögerter Raffung
noch immer begleitet vom Rauschen
des Tonbandes
stehen wir im letzen Raum
und betrachten unsere Spiegelbilder

Dort sitzt sie
einsam auf einem Stuhl
in ihren weißen, weichen Händen
nur ein stumpfer Kupfernagel

Plötzlich steht sie auf, legt ihre Kleider ab
legt sie sich völlig nackt
auf den kalten Marmor und
schmiegt ihren verletzlichen schwachen
Körper entlang der Wände

Ihre Finger gleiten, reiben über die Strukturen
der
Oberfläche, hinauf zu den Bildern
und sie wendet sich zu uns
kriecht auf den wunden Knien
die Augen verschlossen
völlig blind, in obskurer Blöße
liegt sie zu unseren Füßen
zitternd, wimmernd, fiebrig
vergeblich wartend auf … Worte

Mit starren, abgehackten Bewegungen
steht sie auf, schmiegt ihren Körper erneut
entlang der Faserkörnung
in einen erhellten Winkel der
Galerie und
presst den langen, stumpfen Kupfernagel
durch ihre rechte Herzkammer
in die Leinwand

Verharrend in frostgleicher Starre
kuratiert sie ihre eigene Vergänglichkeit
endet als Monument
über zeitgenössischem Untertitel
ein Morphem in Kleinbuchstaben
mit Punkt am Ende
——— .

Human Performance
– Contemporary Art –
und die Worte, sie fallen

Schwarzweiß

Langsam bröckeln Schichten ab
weiß wie Milch und Kalk
kreidebleich dein lachend Antlitz
starr wie eingefroren

Injiziertes Nervengift
du bist Kontrast, Simulation
spielst ein Spiel im kreisrunden Käfig
Euphorie, die Menschen lachen
Ovationen simultan zu deiner Mechanik

Alles wirkt verzerrt
dein Spiel wie Hypnose
doch dein Tanz, dein Wort
dein Ich ist nur Kontrast

Schwarz/weiß
und du ein roter Punkt
dein Lachen gleicht
dem letzten Krampf
morbides Zucken, Agonie

Traumfragmente
wenn ich die Augen schließe
sehe ich diese Bilder

Aufblitzende Augen
eines Clowns im
Drahtgeflecht

Nur eine Zeile

Eine Postkarte
gestanzter Wellenrand
gelblich eingefärbt, ihre Oberfläche
leicht gekörnt
gefunden, in einer staubigen Schachtel
in Schuhkartonvergangenheit
vergraben

Nur eine Zeile, die ich lese

Und in diesem Moment spüre ich deine Finger
auf meinem Rücken, es ist, als zeichneten sie
Buchstaben
auf meine Haut, und ich höre dich flüstern, dass du
...

Nur eine Zeile, die ich lese

Und in diesem Moment sagt sie mir mehr
als abertausende Seiten von Büchern
denn nicht das Wort selbst, welches bloß
Sprache ist, sondern die Geschichte seiner
Niederschrift
erhebt jedes einzelne
Pigment jedes einzelnen Buchstabens
in diesem Moment
zur Chronik der Welt

Im U-Bahnschacht

Abwärts
gleiten die Stufen
am schwarzen Gummi
reibende Kinderhände
schiefe Töne erzeugend

... und Menschenblicke fehlen

Andere schweben
in geschlossen Räumen ins Untergeschoss
an Stahlseilen hängend
die Hüte tief
ins Gesicht gezogen
Lider geschlossen

Augen-
aufschlag
und Schlag auf Schlag
im U-Bahnschacht

Ein klemmender
Ziehharmonikafaltkörper
und im Kaffeebecher
nichts als Salzkruste

Lautsprecherrauschen, Lichtsignal
vom Tunnel verschlungene
stählerne Stahlgleiter
auf lautlosen Schienen
Lichterflackern, die Zeilen zittern
den Kopf im Feuilleton versteckt

… und Menschenblicke fehlen

[der Kaffee tropft zu Boden]

Ein Augen-
aufschlag
und Schlag auf Schlag
erneut im U-Bahnschacht

Aufwärts gleiten Stufen
da reiben die feuchten Hände
erneut am schwarzen Gummi
als ob sie verzweifelt versuchen
die Gegenwart zu greifen

Handschweiß perlt
in den Schacht

… ist morgen schon Salzkruste in Kaffeebe-
chern

Konstanz

Glanzlos, trüb und matt
bedeckt mit Staub von Jahrzehnten
baumelnd blutlos, bleich
zwischen flackernden Deckenlampen

Der Tagmond fräst sich durch die gläsernen
milchmatten Dächer
des Zentralbahnhofes
und streift ihren Korpus

Für eine flüchtige Sekunde
lässt er ihre eigentliche Schönheit erahnen
die, obwohl täglich betrachtet, vergessen
trotz ihrer Schwäche, kraftvoll und stolz erscheint

Die Menschen in Strömen
verschwommen im Lichterflimmern
rauschend, zuckend
vor keuchender Schnelligkeit
unter dieser subtilen Schönheit vergraben

Gierig und satt zugleich
schauen sie auf diesen Korpus
der scheinbar leblos an der Decke
der Vorhalle baumelt
und mit jedem Windzug, bei geöffneter
Tür mehr und mehr

der letzten Ruhe nahe scheint
die Knochen matt, morbid, kraftlos
doch konstant, souverän seit langen Zeiten
bewegen sich die brüchigen
dürren zuckenden Arme mühsam
im Takt dessen, was sie Zeit nennen

Und diese obsolete Schönheit
eine endlos tickende Bahnhofsuhr
schlägt gewohnt, monoton zur vollen Stunde
das Uhrwerk stabil, ein williger Geist
doch die knochigen Ärmchen halten
all dem nicht mehr lange Stand
zu lange, schon quält sich der
knarrende, mark- und fleischlose Zeiger
mit stumpfem Atem, keuchend
zum stündlichen Schlag
der nichts mehr verkörpert

… bloß eine letzte Form von Konstanz

Sandgravuren

Gravuren im Staub
mit Fingerspitzen gezeichnet
Linien, Kreuze und Kreise

Zwischen den alten Betonbauten
grauen Fassaden und dem dunklen Asphalt
kalte Schmierereien an den Wänden
Geschrieben einst mit zitternden Händen

Gravuren im Sand
Linien der schaukelnden Füße
die hin und wieder den Boden streifen
wenn sie den tiefsten Punkt erreicht haben

Hier haben sie eine Grünfläche geschaffen
sieben Schritte breit, im Viertel der Aussätzigen
eine alte Schaukel steht dort
verwahrlost, die Ketten marode und brüchig
rostroter Stahl, hier sitzt ein kleines Mädchen
schaukelt im Wind, taumelt, schwankt
vergisst für einen Moment ihre graue Umgebung
die Ödnis einer verlorenen Welt

Sie schwebt vor der Stadt
sieht die Konturen ihrer Wahrzeichen
schaukelt mit zitternden Händen
taumelt zwischen zwei fremden Konstanten
schließt die Augen, träumt

Darum stellen sie diese Schaukeln
in die graue Ödnis der Vorstadt
für kleine Mädchen, mit zitternden Händen
damit sie sich für einen Moment nicht verloren
                                        fühlen
wenn ihre Füße den Boden verlieren
damit sie für Sekunden träumen
ihre Verlorenheit vergessen dürfen
hier vor den Toren der Stadt

Marmor

Türme erklimmend
auf Bergspitzen wälzend
sie suchen nach mir
seit sie auf der Welt sind

Kriechend, hechelnd, banger Blick
dem Wahnsinn nahe, devot, verstört
Absorption, ihr saugt mich auf
von meinem Duft betört

Die Mäuler längs weit aufgerissen
wie Hunde, hör sie bellen
Zähne fletschend, Speichel fließt
bis sie an mir zerschellen

Angst vor der Vergessenheit
[unerwähnt wollt ihr nicht sterben]
treibt euch in den Tod, ihr rennt
für mich in das Verderben

Versucht mich zu atmen
versucht mich zu greifen
schnappt nach mir
und Körper zucken

Ich bin euer Name

Mensch aus Glas

Mensch aus Glas
ich sehe dein Herz
es baumelt herab, es taumelt und schnappt
nach Luft, die Kluft
klafft, kraft-
los, bloß
Materie, mehr bist du nicht, Mensch

Substanz
mehr kannst du nicht sein
du gibst dich preis, stellst dich bloß
stellst dich bloß in den Zenit
die Brust Richtung Sonne
deine Rippen brechen die Strahlen

Mensch aus Glas
du inszenierst dich in
vollkommender Nacktheit
Offenbarung, Transparenz
hoffen, warum?
dein Tanze längst
nur nach einer Choreographie
einzig, um geliebt zu werden

Spiegelglassplitter

Bleiche Haut aus Mandelmilch
vom Honigmund tropft Kondenswasser
eine abgestandene Plörre
an Sehnsuchtsfäden baumelnd, perlt dann
auf Spiegelglas, zementiert Starre

Mohnschwarzer Staub unter deinen
Augen, blätterteiggleiche Stücke bröckeln wie
Gips auf deine Wangen

Der Film auf deiner Haut, abgezogen wie
Cellophan-
papier
landet neben
Spiegelglassplittern auf beige-
farbenen Kachelfliesen

Ein Hoch auf die Schönheit!

Das Grammophon

Besuch nach vielen Jahren
Staubfäden, Fingerspitzen gleiten über die
Buchenholzkommode

[Der alte Schlüssel passt nicht mehr]

Sie streifen über den Schrank, bis
ein Fläschchen vor meine Füße fällt
langsam öffne ich den Flakon und
ein längst vergessener Duft
nimmt mich ein, betäubt mich
ein Geruch von längst Vergangenem

Ich gleite dahin in vergessenen Melodien
Reminiszenzen
hier, aus dem Grammophon
streckst du mir deine Arme entgegen

Dort, wo sonst blecherner Charleston
in Ohrmuscheln drang
höre ich dich flüstern

[Traumeinschübe]

Ich sehe dich auf dem Schaukelstuhl
Geruch von Tabak und Leder
die alte Kaffeemühle

sehe mich kurbeln, den Duft aufsaugen
du liest aus Büchern
sie riechen so gut

Wie benommen
schaue ich aus dem Fenster auf die
Straßenbahn
lausche dem Klang
deiner tiefen dunklen Stimme

Schaue auf den alten Blechtrichter
die Nadel gleitet über Schellack
zeichnet dein Bild
sie schreibt in dich hinein, in dein Gesicht

Ich schwenke das kleine Fläschchen
inhaliere den Duft von damals
und nun sehe ich
deine Grübchen, von feinster filigraner Hand
mit weicher Feder gezeichnet
die wie Kaligraphien
in deiner hellen verbrauchten Haut wirken

Schleiche zum Grammophon
schlüpfe hinein, ziehe im Sog dahin
verschwinde im Dunst
vergangener Tage

Schlieren

Kalkweiß schimmernd
auf Schweigenden Straßen
bleiche Venen
unter dem Schimmer
der Nachtlaternen
Puderzuckerpulverschnee
und die Welt hält inne

Mühsam kriechende Krieger
leise schleichen lautlose Talsohlen
die stumme Stadt erstickt im weißweichen
Schnee, der das erschafft
was den Menschen fehlt
Langsamkeit

Aber sofort schnappen
schürfende rostige Schaufeln nach ihr
und kehren sie fort
an den Straßenrand

Die Langsamkeit
soll sie doch abkratzen

Scheibenfrost, ein klirrender
Zeigefinger schmiert in letzter Sekunde

„Wartet"

Am Ende bleiben nur Schlieren

Traumverlorenheit

Monochromer Farbverlauf,
Nuancen von Grautönen,
eine Flut von ungenauen Reminiszenzen
nur Farbtupfer in scheinbarer Willkür
doch immer mehr
gelingt uns beim Betrachten
die Konservierung von Flüchtigkeit

Fragmente, aneinandergereiht
begleitet von skurrilen Tönen
der Gesang der Möwen begleitet das Plätschern
der Ölfontänen
die aus alten Blechrohren
in den Fluss münden

Wellengang, seicht und leise
Lastschiffe, Güter aus aller Welt
riesige Hebekräne, aufragend
bestimmen den Takt der Nacht
ein Hafen, nur Konturen, dann und wann
Schärfe

Menschen, wenige, mit pechschwarzen Händen
Kohle schippend
für das Erreichen der Fremde
gigantische Schornsteine, emporragende Schlote
und abertausende dieser Kräne
in ihrer Tristesse anmutig und würdevoll

Sie tanzen, den Tanz der Maschinen
pulsierende Schläge, atonale Klänge, eine Elegie
und so treibe ich geblendet von ihrer bedrohlichen
                                                    Eleganz
Ihrem Tanze entgegen, und fühle mich verloren
der Macht ihrer Bewegung schutzlos ausgesetzt
und doch wirkt alles wie ein Traum

Diese Verlorenheit, ein Ausgeliefertsein
an eine solch groteske Instanz
der Apparat, er öffnet seine Schleusen
das Wasser, schönstes aller Elemente
folgt dem Klang dieser verführerischen Elegie

Wir treiben dahin, folgen dem Takt der Industrie
dem Tanz der Maschinen
ihre Mechanik, schmiegend zerreißend die
                                                    Substanz
den Saum der Wellen
nur Bildfragmente
Sequenzen einer seltsamen Verlorenheit
der Apparat, er schläft nicht

Blütezeit

Erloschen scheint die lodernd' Brunst
der Zeitgeist wenig Güte zeigt
vorbei die Belle Epoque der Kunst
des Dichters wahre Blütezeit

Ein rauer Wind nun weht im Land
der kalt um unsere Hüte streicht
verspottet längst, verschmäht, verbannt
vergessen scheint die Blütezeit

Traum- und Phantasiegewebe
ruiniert, gestürzt, verdrängt
Raum für neues Traumgewebe
deplaciert, verkürzt, beschränkt

Vermummt, verstummt, die lodernd' Brunst
der Geist der Zeit kaum Güte zeigt
im Trümmerschutt verwelkt verdorren
doch stolz sich diese Blüte neigt

Graphitstaub

Irgendwann
denkt sich der Bleistift
irgendwann
hol ich ganz tief Luft
schließe die Augen
bündele meine Kraft
mein Brustkorb wölbt sich, ich
dehne meine Lunge,
Unterdruck, Luftstrom
ich puste ganz fest
und die Stadt wird von Graphitstaub
bedeckt sein

Irgendwann
denkt sich das Buch
Irgendwann, hol ich ganz tief Luft
schließe die Augen
bündele meine Kraft
[s. o.]
puste ...
und die Welt
wird vom Silbenstaub
aufgewühlt

Eines Tages
denkt sich der kleine Vogel
werde ich fliegen können
Irgendwann

Irgendwann
denkt sich ein kleiner Junge
nehme ich den Stift
und das Buch
und werde Vogel sein
Irgendwann
werden Träume wahr

Und die Stadt wird von Graphitstaub bedeckt sein

Bei Lektora erschienen

Patrick Salmen

Das bisschen Schönheit
werden wir nicht mehr los

In „Das bisschen Schönheit werden wir nicht mehr los" blickt Patrick Salmen durch die Spalten von Tüllgardinen und sieht einsame Menschen vor Kaffeetassen, belauscht in Routine erstickte Frühstückskonversationen und erzählt von entzauberten Momenten der Zweisamkeit. Seine Helden klettern auf Kräne und auf Hochsitze, sind Kleingartenkartenspieler und Baustellenbesetzer, Kunstliebhaber und Vaterfiguren, und immer wieder sind es die verlorenen Seelen der Gesellschaft, die er eindringlich mal in lyrischer, mal in prosaischer Form beschreibt. Patrick Salmen erzählt Geschichten, die ihre ganz eigene intensive Stimmung erzeugen und beim Leser mehr als einmal in der Erinnerung nachklingen.

Nach seinem erfolgreichen Debüt „Distanzen" und dem Nachfolger „Tabakblätter & Fallschirmspringer" ist „Das bisschen Schönheit werden wir nicht mehr los" Patrick Salmens dritte Buch-Veröffentlichung.

ISBN 978-3-954610-09-9
€ 12,00

www.lektora-verlag.de/shop

Bei Lektora erschienen

Patrick Salmen

Tabakblätter und Fallschirmspringer

„Das Leben ist wie ein beschriebenes Blatt Papier", sagtest du mal. „Mit jeder Zeile, die du füllst, verblassen die Worte aus deiner Vergangenheit. Aber es gibt diese ganz wenigen bestimmten Momente, an die man sich einfach in gewissen Situationen immer erinnern kann."

Wenn dieses Lied läuft, zum Beispiel. Wenn du den Duft von Tabak und Leder einatmest. Wenn du mit deinem Finger über den Rand eines Geldstücks streichst und wegen der rauen Textur an die rostroten Gitarrensaiten denkst, die du als Kind immer mit dem Fingernagel berührt hast. Wenn du diesen Traum hast, diesen immer wiederkehrenden Traum.

ISBN 978-3-938470-80-0
€ 12,00

www.lektora-verlag.de/shop